人脈につながる話し方の常識

Common sense of speaking that leads to personal connections

櫻井秀勲
Sakurai Hidenori

きずな出版

人脈につながる55のルール

目次

第1章 人脈につながる「話術の基本」

第2章 人脈につながる「話題の選び方」

第3章 人脈につながる「雑談の力」

第4章

人脈につながる「女性の心を動かす話し方」

第5章

人脈につながる「朝礼、式辞、挨拶」

人脈につながる話し方の常識

第1章

人脈につながる「話術の基本」

話し方の常識 01

よどみなく、スマートに話そうとする必要はありません

テレビを見ていても、セミナーに出ていても、つい引き込まれてしまう話術の持ち主がいます。

なぜこの人は、こんなに魅力のある話し方ができるのだろう、と感心してしまいます。

それに反して自分が話すときになると、つまらない話しか出てきませんし、聴き手も真剣そうには思えません。それはなぜでしょうか？

多くの人は、自分は滑らかに話ができないので、聴いてもらえないのだ、と思っているはずです。

たしかに大勢の前で話せる人は、実に滑らかに話します。草稿もないのに30分でも1時間でも、よどみなく話しつづけます。

しかし、よく考えてみましょう。

それらの方々は話の専門家です。そんな人たちと比べること自体、少々図々しいのではありませんか。

私は話の専門家ではありません。専門は女性論の作家であり、出版のプロです。

こうなると、聴き手は私に滑らかな話術を期待しているのではなく、女性の口説き方やベストセラーの書き方について期待していることになります。

すると、少々つっかえようが、早口になろうが、内容が面白くさえあれば、聴き手は満足してくれるでしょう。

「上手に話ができない」

「人と話すのは苦手だ」

という人は、よどみなく、スラスラと言葉が出ないことにコンプレックスをもつ人が多いようです。

でも、聴き手は、よどみなくスラスラと話す人に対して、好感をもつかといえば、必ずしもそうとはかぎりません。

あまりにもスマートな話し方には、相手にコンプレックスを抱かせたり、かえって信頼されにくかったりしてしまうことがあります。

そこでまずは話し方の上手下手ではなく、次の三つを含めば、最低でも聴き手は耳を傾けてくれるでしょう。

(1) 聴き手が珍しいと思ってくれる内容
(2) 古い話ではなく、最新の話
(3) 聴き手が驚くような説明や考え方

私自身の一例を挙げると——

「私は牧場をもっています」
「私は加工していないままの象牙《ぞうげ》を1本、もっています」
「私はこの60年間、寝るのはほとんど午前5時です」

こう話し出すと、出席者は一斉に私に注目します。この瞬間にこれらの人々は、真剣な聴き手になるのです。

これらはすべて過去形ではなく、現在形です。古い経験談でなく、いま現在の話なので、聴き手には関心が高いのです。

「この人、牧場をもっているのか？　何の牧場なのだろう？」

「いまは象牙をもっていては、いけないのではないか？」

「寝るのは午前5時って？　それは起きる時間じゃないか？」

この三つの話題に、そこにいる全員が疑問の心を抱くはずです。

そうなったら、このつづきを聞きたいために、全員が私に注目します。

たった10秒で熱心な聴き手になるのです。この方法は、あなたにも必ずできます。

人脈につながるルール 01

過去の話より、いま現在の話のほうが相手の心をつかみやすい

話し方の常識 02

内容が珍しければ、誰でも、そのつづきを聞きたがります

実は櫻井牧場の話は、私の本に書かれていますが、女性が常に8人、私の周りにいるという話です。

実際には若い頃の話ですが、わざと現在形にして、驚かせるようにしているだけです。

また象牙は30年ほど前、ある人がアフリカから私に贈ってきたもので、折れたままの牙《きば》なのです。加工されていない、非常に珍しいものです。

また午前5時まで毎日起きている私の生活は、どんな人にも驚きを与えます。なぜそれで85歳まで元気なのだろう、と不思議に思うからです。

これを読むと「自分にはそんな珍しい話材がない」と、思う人もいるかもしれません。

そうだったら、

「私の知人に、午前5時就寝、午前10時起床の生活を60年間つづけている男がいます」

と、珍しい話を冒頭にふってもいいでしょう。

正直にいうと、私はときどき人の経験を、自分の体験のように話すことがあります。

これは私が小説家担当であった頃の習慣というか、癖でもあります。

小説家の話は、どれが本当なのか、つくり話なのか、よくわかりません。

それらをまじめな顔で話すのですから、かえって引き込まれます。

私が考えた週刊誌の編集方針の一つに「おや、まあ、へえの法則」という記事のつくり方があります。

ともかく「驚かせたり感心させたり、不思議がらせろ」というものですが、それらがぎっしり詰まっていれば、多くの人が手に取りたがります。

話も同じであって、若い頃から週刊誌の編集長をしてきた私は、そんな珍しい話なら、いくらでももっています。

これらを話せば、みんなが面白がってくれるのです。

かりに「そんな珍しい話などない」というのでしたら、試みにスマホに「珍しい」と入れてみましょう。

すると、珍しい動物から始まって、野菜、ペット、名字、英語、病気、犬、花と出てきます。私は電車の中で、これらを一つひとつ、丹念に見ていくのです。すると初めて見るような話題が、たくさん入っています。

いまのスマホは世界百科事典のようなもので、思いついた言葉を入れてみると、思いがけない答えが出てきます。

もしその中で「おや、まあ、へえ」という話題が出てきたら、それを他人に話してみましょう。

私は若い頃から作家に、ともかく珍しい話をしてきました。このおかげで、有名作家たちから愛された、といえるかもしれません。

では誰に、どんな話をしてきたのでしょうか？　数例を挙げてみましょう。

人脈につながるルール
02

「おや、まあ、へえの法則」で関心を引き出す

話し方の常識 03

どんなに気むずかしい相手でも、あなたと同じ人間です

文豪、川端康成先生は気むずかし屋で知られており、編集者で談笑できた人は一人もいませんでした。そんな中で私は、どんな話材で先生を笑わせようか、側近の編集者になろうかを考え、あらゆる分野の話をしてみました。

あるとき女性週刊誌の編集部には、夜中になると何人もの女性から誘いの電話がかかってくる、という内幕話をしたのです。

これに先生は驚きの表情を見せたのです。そのあとは質問の嵐でした。どういう誘いなのか、その誘いに乗るのか、年齢、職業はどうかなど、矢つぎ早に質問してきたのです。

このとき先生は、まだ見ぬ世界の男女の行動を知りたいのだ、と私は直感したのです。

これは川端先生にかぎらず、どんな分野の上位の人でも同じです。自分が入れない、あるい

は入りにくい世界のことを話してくれる人がいたら、必ず重宝《ちょうほう》するものです。

松本清張先生には、週刊誌というのは、人気ホテルのドアマンにチップを渡し、それを受け取ったドアマンから有名男女宿泊者の情報を得ている、という話をしたところ、興奮して一晩帰らせてもらえませんでした。

どこのホテルのドアマンか、チップはいくらぐらいか、狙いは政治家か芸能人の情事かなど、小説にすぐ書けるネタとして、以後私はいつでも何時でも、先生のお宅に伺える立場になれたのです。

三島由紀夫先生には六本木、赤坂の夜の遊びを話していました。どの店の地下には、監獄遊びのできる鉄格子の部屋がある。ムチも使えるなどと話したところ、すぐにでも一緒に行きたそうでした。

これらは遊びに属する情報ですが、これ以外にも、皇室の情報や企業の経営者情報など、さまざまな話題があります。

私のこれまでの体験では、不思議なことに、高名な先生方には、バカバカしいような話をする編集者は、意外に少なかったようです。

それこそ川端先生や三島先生のような、ノーベル文学賞級の作家に、芸能人やエログロの話題をふるような編集者は、いなかったのだと思います。

しかしどんな上位の人でも、その種の話がきらいな人はいないものです。

それは食べものでも同じです。

ある皇族の女性と真冬の2時間ほど、プライベートな話をする機会がありました。

このとき私はやきいもを買っていき、それを二人で食べたのですが、その方は最初、どう食べていいのかわからず、私が口にほおばるのを、驚いた顔で見ていました。

ところがご自分で皮を剝《む》き、口にほおばると、その瞬間から遠慮がはじけ飛んで、急速に仲よくなったのです。

誰でも、よく考えたり、思い出してみれば、面白い話の一つ二つは必ずあります。それらを思いきって、話題にしてみませんか？

人脈につながるルール 03

相手が知らない世界の情報を提供する

話し方の常識 04

擬音語を入れると表現がぐんと豊かになります

「このやきいもはおいしいですね」

「このやきいもはぽくぽくしていて、おいしいですね」

この二つの言葉の、どちらがおいしそうに感じるでしょうか？

誰でも「ぽくぽく」と入っているほうではありませんか？

「ごはんがほかほか」「たくあんをぽりぽり」と、擬音語を入れたほうが、生活感がにじみ出て、とくに女性はこの表現をよろこびます。

これを文章に入れたのが、ＮＨＫ朝の連続テレビ小説「とと姉ちゃん」の中の、花山伊佐次、実像は天才編集長の花森安治です。

花森さんは雑誌「暮しの手帖」の中で、擬音をたっぷり入れた文章を創造しました。

もともと擬音語・擬態語は、五つに分類されます。

（1）擬声語　わんわん、げらげら、ぺちゃくちゃ、おぎゃー
（2）擬音語　ざあざあ、がちゃん、ごろごろ、ほかほか、ぽりぽり
（3）擬態語　きらきら、つるつる、ぐちゃぐちゃ、どんより
（4）擬容語　うろうろ、ぐんぐん、ばたばた、のろのろ、ぼうっと
（5）擬情語　いらいら、うっとり、どきり、ずきずき、わくわく

あなたはこれらの言葉を、実際の生活の中で、無意識のうちに使っているのではありませんか？　その無意識を意識的に使うことで、表現はぐんと豊かになります。

一例を挙げると、こういう話し方をしてみたらどうでしょう。

「我が家の犬は毎日わんわんと吠えていましたが、急に鳴き方が変わりました。らふらふと吠えだしたのです。それは今週から、アメリカに引っ越したからなのです」

恐らくこう話すと、聴き手の中から笑い声が出てくるのではないでしょうか？

人脈につながるルール
04

話の中に生活感を盛り込むと相手の心に響きやすい

アメリカの犬の鳴き声は、「らふらふ」だからです。これは一例ですが、どんな話でも、その中に擬音語・擬態語を入れると、話に実感がこもり、生活感も出ます。

「除夜の鐘のゴーンという響きを聞くと、新しい年への厳粛な気持ちが高まります」

この文章から「ゴーン」という擬音を取ったら、気の抜けたビールのようになってしまうでしょう。何でも全部に擬音を入れることはありませんが、ここぞというときに入れると、非常に効果的です。

話の上手な人と下手な人の分かれ目は、実はこういった、生活感のあるなしの場合が多いのです。落語を聴くと、それがはっきりわかります。生活音をこれでもかと、入れた話し方になっているからです。

話し方の常識 05

身ぶり手ぶりが言葉以上の効果をもたらします

私たちはふだんから、無意識のうちに身ぶり手ぶりを使って、意思を伝え合っています。「イヤ」というときは、同時に首を横にふっていますし「面白い」ときは、笑顔になっていますし、同時に拍手することもあります。

これを非言語コミュニケーションといいますが、お互いに向き合って話し合っているときは、肝心の話を40％とすると、非言語的要素は、60％に達することもあるとか。

ところが大勢の前で話すとなると、緊張感から顔がこわばり、手も大きくふれなくなり、ゼスチャーが小さくなります。

世界で一番ゼスチャーの大きな国民は、フランス人だといわれます。

めったに見ることはありませんが、ときどきフランス大統領の演説ぶりが、テレビに映ることがあります。

それを見ると、表情の豊かさと、身ぶり手ぶりの派手さにびっくりしてしまいます。研究によると、自分の肩幅以上に両手を広げて話せる人は、日本人では、10人に一人もいません。それだけ、おとなしい民族なのでしょう。しかし年齢が若くなるにつれて、手と身体の動きが活発になっています。

わかりやすい例では、ピアノの音を言葉とすれば、身体がまったく動かない演奏では、感動が少ないのです。やはり感情を込めると、身体は大きく揺れたり、指の使い方も大きくなります。またそのほうが、聴衆は感動するでしょう。

最近のセミナーでは、インタラクティブが基本になっています。

対話、双方向ともいうべき方法ですが、パソコンなどを使ってスクリーンに画像や音声を流し、対話するのが一般的です。

これも話し手の話以外に、新しい意思伝達の手段を加えた方法です。

このとき話し手は、壇上のテーブル前にいるだけでなく、壇上を行ったり来たりして、話すことも可能になってきます。

このインタラクティブ法の一つに「言葉でうまく説明できなければ、描いてみよ」というものがあります。言葉でなくても、絵やまんが、図、表などを利用すると、意思は100％以上伝わることになります。

私の知人の一人は、話を交わしながら、パソコンでその話を補強しています。

以前だと言葉以外での意思伝達は、ボディランゲージ、つまり身体表現によるもの、と決まっていましたが、いまはパソコンがよく働いてくれます。

これからはＡＩ（人工知能）も参加することでしょう。もしかすると、講演にロボット型のＡＩを連れて来る人も、すでにいるかもしれません。

かりに小型ロボットを連れてきて、壇上で対話したら、それだけで大歓声を受けるでしょう。新しい試みは話題を呼びます。あなたなりに工夫してみてはいかがでしょうか。

人脈につながるルール
05

うまく話すことより、相手と通じ合えることが大事

話し方の常識 06

思っていること、感じていることは表に出さなければ伝わりません

話術に身ぶり手ぶりはつきものです。話しながら、顔の表情や手、身体を一切動かさないことは、むしろ不可能に近いでしょう。

この身ぶり手ぶりは、サルで見られましたが、近頃はイヌやネコでも見られるようになってきました。ネコの中にはエサが欲しくなると、鳴き声だけでなく、立ち上がって手を叩く動作をするタイプも出てきました。

昔はそんなネコはいませんでした。それから考えると、この動作は文化的知識によるものであり、頭脳が進化していると考えられます。これを別の観点からすると、表情豊かに、ゼスチャーを交えて話せる人は、文化的に高度であることがわかります。

もっと突っ込んでいうと、身ぶり手ぶりを加えたほうが、言葉だけより、伝達が確実になっ

てきます。職場で上司から、

「わかったのなら、うなずくなり、笑うなり、言葉以外の態度で示せ」

といわれたことはありませんか？

日本人はその点、欧米人よりゼスチャーが豊かではありません。それはなぜでしょうか？長い間、同一民族だけで暮らしてきたため、ゼスチャーを加えなくても、互いにわかり合えたからです。

ところが大陸の小国であったり、周りを異なる国に囲まれていると、ゼスチャーを大きく加えたり、笑顔を見せないと、危険なことさえ起こります。

前述のフランス大統領のオーバーなゼスチャーは、民族的にも非常に大事なことなのです。しかし最近はゼスチャーだけでなく「ポイズ（poise）」が必要になってきました。ではポイズとは、どういうものでしょうか？

辞書を引くと「釣り合い、バランス、身のこなし」などと訳されていますが、一言でいうならば「無意識の表情を伴う動作」のことです。

ゼスチャーは技術であり、私たちはいちいち、どのような身ぶり手ぶりにするかを、考えなければなりません。

フランス大統領のようにはできないのです。なかには大勢の前で、オーバーな身ぶりをしようとしても、恥ずかしくてできなかった、という人さえいます。

しかし日本人でも、赤ちゃんや幼児と話すときは、無意識のうちに目は細められ、口許《くちもと》はほころんでいます。

赤ちゃんも、よろこんで手足をバタバタさせるでしょう。これはゼスチャーではありません。ポイズという、ポーズとゼスチャーの混合型であって、無意識の動作です。

この何気ない動作や行動、あるいは顔の表情を、毎日繰り返しつづけてみましょう。

こうしていくと、話が自然に柔らかみを帯びて、話下手から抜け出せるのです。話の内容はイマイチでも、このポイズで盛り立てることです。

人脈につながるルール
06

ゼスチャーだけでなく、ポイズを身につける

話し方の常識07

上位者の目を、じっと見つめるのは無礼です

道で知人に出会ったとき、

「やあ、しばらくです」

と相手の顔をじっと見ているより、考えるようにちょっと視線を外して、

「3年ぶりですか？」

と、もう1度、相手を直視すると、年月の流れがそこに感じられます。

少し上達すると、視線と同時に、ちょっと考えるように顔も動かし、それを元に戻すと、さらに感動が広がります。

歌舞伎や芝居では、顔を左に向けて話すときは下位者が上位者に、その反対の右に向けると、上位者が下位者と話すことになる約束事ができています。

そして下位者が上位者の目をじっと見つめるのは無礼、となるのです。

相手の話を聞くときは、まず上位者の目にピタリと視線を当て、話が長くなるようなら、一旦視線を下に落としてじっと聞き、最後にまた、上位者の目に視線を戻さなければなりません。

また表情を動かすときの基本に「列車表情」というものがあります。

列車が停車して動きを止めているときは、休憩中です。顔も動きを止めているときは、会話を休止しています。

列車がゆっくり走り出したときは、顔の表情も同じようにゆっくりと動かします。

互いに時間がたっぷりあるときは、言葉のスピードも表情の変化も、ゆっくりでかまいません。それこそカフェか飲み屋で、ゆっくり話せばいいのですから。

これに対し時間のないときや急いでいるときは、最高速度に上げた列車のように、言葉づかいは速く、表情や目の動きなども、それと一緒に変化させていかなければなりません。

この列車表情を学んでおくと、言葉のスピードの変化も、そのときどきで、うまくできるようになります。

テレビのニュースを読んでいるアナウンサーを観察すると、緊急の場合は速度を上げています。反対にゆったりした番組では、語り手のトーンもスピードも落ちています。これらは顔の表情の変化と同じように、言葉にも表情がある、ということです。

口による表情もあります。

固く閉じた口には、きびしさが漂《ただよ》います。部下をもったばかりの係長や課長は、言葉で叱ります。ところが大勢の部下を使い慣れてくると、上司は口をぎゅっと閉じて、何もいいません。しかし部下は、この叱られ方のほうが、身に沁みます。

反対に軽く口を開けて、上司が部下の前に座ったとしたら「いまのままでよい。それを進めて行くように」という表情と受け取れます。

会話の中には無言の会話というものもあるのです。年月をへた夫婦の会話も、こんなものかもしれません。

人脈につながるルール
07

視線を一瞬はずして、心を伝える

話し方の常識 08

話すことが自分を理解してもらう一歩になります

話の内容を落とせ、ということではありません。できるだけ、誰にでもわかるように、言葉や表現を易《やさ》しく、優しくすると、多くの人から拍手を受けられます。

このためには常日頃から、易しい言葉遣いをしておくことです。

これは昔のことですが、大内青巒《せいらん》という先生がいました。東洋大学学長で、永平寺の禅師でもあった学者でした。

この方は講演、講義が仕事でしたが、明日その講演があるというと、周りの女性を集めて、自分の話を聞かせたそうです。

この女性たちが内容を理解するまで、原稿に手を入れたといいます。

こうすることで、大内先生の講演は、教育をそれほど受けていない聴き手にも大ウケでした。

先生は「話をお粥《かゆ》のように軟らかくしても、質が落ちるわけではない。むしろ大勢の人に聴いてもらえるのだ」と常々語っていたそうですが、その通りだと思います。

教養のある人は、話の中に英語をよく交えます。しかし英語が理解できる人のほうが、少数派なのです。

こんな英単語は使わないほうがいい、といわれているものを、15ほど挙げてみましょう。

(1) コミットメント
(2) ユーザー
(3) エビデンス
(4) スペック
(5) アジェンダ
(6) コンセンサス
(7) フィックス
(8) ジャストアイデア

(9) シェア
(10) ペンディング
(11) シナジー
(12) タスク
(13) ブラッシュアップ
(14) メソッド
(15) デフォルト

これら15の英語は、日常的にお目にかかるものです。ちょっと派手な人は、この中のいくつかを交えながら話していきますが、聴き手で実際わかる人は10%、100人中10人しかいないそうです。

もちろん、もっと多くの人が、その意味を知っています。目で見るときは言葉は止まっているので、理解しやすいからです。

ところがスピードのあるスピーチの中で、これらの英語が出ると、

「ペンディング、えーと、ペンディングって何だっけ？」

いつもは知っていても、とっさに理解できないものです。

念のために、これらの英語の日本語訳をつけておきましょう。

(1) 約束
(2) 利用者、消費者
(3) 証明
(4) 能力、性能
(5) 議題、課題
(6) 合意
(7) 決定
(8) 思いつき
(9) 共有
(10) 保留

(11) 相乗効果
(12) 仕事、やるべきこと
(13) 練り上げる
(14) 方法
(15) 初期設定

英語が次々と入る話は、やはり軟らかいお粥とはいえません。できるだけ噛みくだいて話すよう、日頃から易しい日本語を口から出やすいように、訓練しておくことが大事です。

人脈につながるルール 08

話は固いご飯ではなく、お粥のように

話し方の常識 09

声質によって、その声を生かしやすい場所、生かしにくいシーンがあります

声には大・小・高・低の4種類があります。この4種を組み合わせてみると——

（1）「大きくて高い声」……かーんと響く鐘のような声
（2）「大きくて低い声」……ごーんと鳴る梵鐘《ぼんしょう》のような声
（3）「小さくて高い声」……ちりん、ちりんと鳴る鈴のような声
（4）「小さくて低い声」……ぶーんとくる蚊のような声

右のように分類できるでしょう。

「大きくて高い声」は軽い感じがします。明石家さんまがこのタイプでしょうか。

演壇や大勢集まる場所では、みんなを笑わせることができるのですが、あまり重苦しい話材は合いません。

「大きくて低い声」は、重く沈んで、深い感じがします。これにぴたりと合う人は、民進党の野田佳彦元首相でしょう。沈痛な話し方をするのに合いますが、その通り、元民主党では最後の総理となってしまいました。

しかし演説をさせたら、この大きくて低い声に敵う声質はありません。政治家や経済人に合っています。

「小さくて高い声」は、鈴をふるようなきれいでかわいい声となり、歌手に最適です。大勢の前で話すより、歌を聴かせたほうが人を魅了するでしょう。

「小さくて低い声」は、大勢の前でも声が通りませんが、二人きりでも、語尾がよくわかりません。このタイプは話すときに、長い文章をつづけるようになるので、最後には息がつづかなくなり、語尾がぼけてしまうのです。

実際には、この中間帯の声があったり、極端に強い声、弱い声もあって、いちがいにはいえません。しかし大人になる頃には、自分はどういう話し方をすれば、人に好まれるか、嫌われるか、わかっているはずです。

長所を伸ばし、短所を極力減らすようにすれば、好まれる話し方になれるのです。

たとえば男性で高い声の人は、聴き手を疲れさせます。そうであれば、あまりおしゃべりにならないことです。低い声はよく通るので、人は聴きやすいものです。ただ明るい席では、この声質は合いません。そんな席ではあまりしゃべらないことです。

強い声は刺激的で、ときには声が強すぎるということで、聴き手を反発させます。このタイプの声質の持ち主は、大勢でにぎやかにしているときは出番ですが、少人数の席では、静かにしていましょう。

弱い声質の人の出番は、デートなど、二人きりの席です。あるいは1対1で勉強を教える、家庭教師などに向いています。

このようにそれぞれ出番がありますので、合った場所で長所を発揮しましょう。

人脈につながるルール09

自分の声質が合う場所、合わない場所を知る

話し方の常識 10

消極言葉を使っているうちは、人生が好転することはありません

成功する人と失敗する人の差は、なにもその人の素質や行動、働き方によるものではありません。

多くの人は、自分には才能がないから、出世できないとか、大学を出なかったから、うまくいかなかったと、自分自身のせいにしがちです。

私はそうは思いません。というのも、60年間のマスコミ生活で、中学卒でありながら成功してきた人や、ハーバード大学や東大卒業生でも、落ちぶれた生活をつづけている人を、何人も見てきたからです。

私のマスコミの教え子の中にも東大を卒業していながら、結局最後は、東北の温泉宿の下働きになってしまった男もいます。

この失敗組のほとんどは、最初の3分間で「まいってしまいました」「困りました」「できそうもありません」という消極言葉を出してきたものです。

学歴の高い人ほど「できるか、できないか」頭の中で計算できてしまうからです。しかしビジネスは計算上では不可能でも、そこに助け舟が来ないともかぎりません。

必死でお願いすれば、不可能が可能になることは、いくらでもあります。

つまり言葉に「熱意」が加われば、不可能が可能に転じてしまうのです。

私が認めている男に田中克成という青年がいます。この青年は、すべてを失って自殺する寸前に、母からの電話を受けて、一からやり直す決心をしたのです。

彼はその直後から、消極言葉は一切使わず、「不可能を可能にする」を胸に「やります」「できます」の積極言葉しか使っていません。

小さな出版社を立ち上げたのですが、大手書籍取次店が取り扱ってくれないと知るや、出版を断念するどころか、自分でリヤカーを曳《ひ》いて、全国を回り、1冊1冊売り歩いたのです。

彼はその生活を3年間つづけました。その間に多くの人に認められ、私も彼に『成功のバイオリズム［超進化論］』（きずな出版）という1冊を書いてもらったのです。

彼には「困った」という言葉はありません。どんなに困っているときでも「よく考えれば、きっと解決できます」「あと1日ありますから、100人や200人集まります」と、ニコニコ顔で話すのです。

そこには、話術の巧みさなどと関係ない、相手を安心させるものがあります。これこそ心を打つ言葉といえるでしょう。

若者に人気をもつ「ナイキ」というスニーカー、スポーツウェア関連の企業があります。

この会社のブランドメッセージは「JUST DO IT」（やるっきゃない）というものですが、私はこのブランドメッセージが、若者たちの心を揺さぶるのだと信じています。

話し方は下手でもいい。ときには一言でもいいのです。それが予想以上の積極的な言葉であれば、あなたは上の人たちから注目されるでしょう。

人脈につながるルール
10

熱意が加わると、不可能が可能になる

話し方の常識11

感動語を投げ入れていくと、相手が乗ってきます

「近頃の若者は話し下手」といわれることが多いようです。

この理由は三つ挙げられています。

（1）ネットを見ている時間が多いので、次第に無表情になる

（2）お笑い番組を見ているせいで、ワーッと笑うが、会話にはならない

（3）若者同士で話すことが多いため、理論的に話せない

このほかにも理由はあるでしょうが、男女とも総じて、話上手の人は少ないようです。

実はこれらの若者が社会に出て、職場で働くようになると、環境的に話下手になるようにさ

れてしまうのです。

それは上司の話を、ただひたすら拝聴するのが仕事になるからです。これは会話ではありません。

会話というのは、共通の話題のやりとりであって、それによってコミュニケーションを円満、円滑に進めることになるものです。

ところが職場では、会話というより「ハイ」「わかりました」「がんばります」「明日までに仕上げます」という決意表明が多いため、ますます話下手になってしまうのです。

上司のほうも「なるほど」「そうか」「わかった」の3語しか使いませんから、こちらも家に帰って、奥さんから「何も話してくれない」と、不満をもらされます。

これでは上司も部下も、トクなことは何ひとつありません。

これらはすべて無感動語と呼ばれるもので、会話を躍動させるものではないのです。

「芯熱《しんねつ》」という言葉があります。

いまはほとんど使いませんが、熱っぽさを体内にもっている場合に使われる言葉です。

これが外国人には理解できません。

心に熱さをもっていても、顔の表情にも、言葉にも出さないからです。

これでは国際的になった日本人としても、外国人と仲よくするわけにはいきません。

古い英文法では〝Oh!〟〝Ah!〟などの言葉を、「間投詞」と教えてきました。間に投げ入れる言葉という意味でしょう。

ところがいまは感動詞、感動語と教えているようですが、まさにこれが必要になってきたのです。


「すごい!」

「感動です!」

「ほんとうですか!」

「まさか?」

「それで?」


自分の熱っぽさをそのまま、相手の話の合い間に投げ入れることです。

いまのマンガがウケているのは、この感動語が面白いから、ともいえそうです。

そうだとしたら、少しオーバーでも、会話の端々に、疑問形や感動形の言葉をさしはさむと、会話がはずむと思うのです。

ただし、若者同士しかわからない言葉はやめること。また同時に、表情も豊かに、イキイキと、ともかく楽しげにふるまうことです。

人脈につながるルール
11

自分が乗れば、相手も乗ってくる

話し方の常識 12

別れ際には心を込めた言葉で、いい印象を残すようにしましょう

人間の記憶には短期と長期があり、短いほうでは、わずか2秒で忘れてしまうこともあるそうです。

せっかく会ったのに、2秒で忘れたり、忘れられたりでは、互いに大損です。できるだけ長く覚えていてもらえる別れ方をしたいものです。

初対面では第一印象が大事といわれますが、実は最終印象、つまり別れ方のほうが大事なのです。

せっかくの面談で、いい成果を得たと思ったのに、最後に「では」と、あっさり別れたとすると、どこかにあと味の悪い残像を残すものです。

フランス語には、「アデュー」と「オールボワール」という2種類の別れ言葉があるようです。

前者は再び会う機会がないか、その気がない場合に使い、後者は「また会いましょう」という心を込めた言葉です。

日本語でも「では失礼します」というと、味もそっけもないでしょう。かりに、「近いうちに、ぜひまたお目にかからせてください」と、つけ加えたら、相手にいい印象を残しますし、相手も気分がいいでしょう。

私が若い頃には、「とても勉強になりました。ぜひ弟子の一人に加えてください」と最後にいうようにと、上司から教えられましたが、たしかにこの一言で、私は何人もの有名作家のところに、出入り自由になったのです。

なにも丁寧がいい、というわけではありません。

礼儀正しい別れ方をしたからといって、その人との関係がよくなるとはかぎらない、ということです。

また何度も何度も「今日はありがとうございました」を繰り返したからといって、それがよい残像を残すとはかぎらないところが、むずかしいところです。

私は以前、一流企業の社長、24人にインタビューしたことがありますが、この中で最後の一瞬で強烈な残像を残した二人の経営者がいます。

その中の一人は、エレベーターまで送ってきて、深々と私に頭を下げました。

それだけでも、私はこの社長に好印象をもち、自分がとても手厚く扱われたように感じたものですが、このときのエピソードには、まだ続きがあります。

いったん閉じたエレベーターのドアが、私が同じ階のボタンを誤って押したために、また開いてしまったのです。

社長は、とっくに頭を上げて、「やれやれ」と部屋に帰ろうとしていても不思議ではない状況ですが、あに図《はか》らんや、そこには、まだ頭を下げつづけている社長の姿がありました。

その姿に緊張しながら、何十年たった今も感動したエピソードとして、私の記憶に残っています。

また当時、現役の社長としては最高齢といわれていた方は、最後に、

「きみを君づけで呼んでいいだろうか？　親しくなりたいので」

という言葉を出してきました。

そして自分の締めていたネクタイを「友情のしるしに」と、私に渡したのです。

その社長からしたら、当時の私は若造です。そんな若造に、自分から親愛の情を示してくれたことが、私には忘れられない思い出となりました。

こういう別れ方もあるのかと、しばし私は立ちつくしてしまったほどですが、別れ際は大事だな、とつくづく思ったものです。

人脈につながるルール12

第一印象より、最終印象のよさが次につながる

話し方の常識 13

ぼやいていては、話も未来も広がっていくことはありません

「悪いけど、これコピーとってもらえませんか？」

女性社員に仕事を頼むとき、このように丁寧に頼む上司もいます。これに対して、

「コピーとってきてくれ」

と、ぶっきらぼうに頼む上役もいます。

この一言だけで、前者がよく、後者は悪いと断定はできませんが、温かい雰囲気をつくるという言葉では、コピーの頼み方一つでも大事です。好かれるか嫌われるかは「アスオ」人間か、「タラ・レバ・ナー」人間かの差だ、といわれます。

アは、アリガトウのア。

スは、スミマセンのス。

オは、オネガイシマスのオ。

初対面であれ、職場であれ、この三つの言葉を出したら、まず好かれることは確実です。

「今日はお忙しいところを、時間をとっていただき、アリガトウございました」

「スミマセンが、もう少しくわしく話してください」

「これからも、どうぞよろしくオネガイシマス」

人によって、役職によって、「スミマセン」が「申しわけありません」に変わることもあるでしょうし、「オネガイ申し上げます」になることもあります。

それは臨機応変に対応すればいいのですが、これらは感謝、依頼、お礼、謝罪など、広範囲に使えるだけに、毎日用いるべきです。

これに対して、使ってはいけない表現には、

「もう少し上司がよかっタラ」

「課長が仕事を任せてくれレバ」

「交際費が使えればナー」

の「タラ・レバ・ナー」表現があります。

こんな言葉が、会って3分以内に出てきたら、私でもこの人を見かぎるでしょう。間違いなくボヤキ体質だと、わかってしまうからです。

実際、ビジネスの最前線では、相手のレベルを測る上でも、

「どうですか？　おたくの上司は、あなたに任せてくれるでしょうか？」

といった質問を出してくることがあります。これに対し、

「もちろん、上司は私に全体を任せてくれているので、大丈夫です」

と答えれば「この会社はしっかりしている」と評価するでしょう。しかしこのとき、

「上司が任せてくれタラいいのですが、とにかく説得します」

などと答えたら、上司だけでなく、この本人も低い評価になるはずです。

使っては損、使ってはいけない言葉や表現は、絶対使ってはなりません。

人脈につながるルール 13

感謝と謝罪の気持ちを言葉で表現できる人は人に好かれる

第2章

人脈につながる「話題の選び方」

話し方の常識 14

いきなり本題に入っては、ビジネスの話はうまくいきません

近頃は男性でも女性でも、面と向き合って話すのが、苦手になってきたようです。

とくに若い人は、パソコンやスマホで仕事をすることが多いので、よけい相手の顔を直視するのが下手になってきました。またふだんから同世代、同性ばかりと話していると、どうしても会話が乱暴になってきます。

それだけではありません。主語を抜いたり、互いに知っている部分は「アレ」で済ませたりするので、目上の人と話が通らなくなってきました。

そうなるとよけい、話すことが苦手になり、ビジネス面だけでなく、異性との愛の会話もできなくなってしまいます。

座談とは二人だけでなく、数人での会話も含みます。

あなたはもしかすると、二人の会話なら自信があるのに、数人以上の仲間との会話になると、聴き手になっていませんか？　それでは自分を売り込むことができませんし、就活、婚活など大事なときにチャンスを逃す危険性があります。

このタイプの若者が、これから就職の面接を受けるとしたら、大変不利です。

集団討論を行う企業は、相当ふえているからです。聴き手になってしまったら、自己表現のできない人間として、難関を突破することはできません。

またもし、ビジネス上で大切な企業側と雑談する機会をもったときも、聴き手になっているだけでは、こちらの考えが通りません。

世の中の会話全般を考えると、実は本当に大事な話は、3分の1の時間内に済むそうで、あとの3分の2の時間は、好意をもたれるための雑談に費やされるそうです。

これを1時間で考えれば、仕事の話は20分、あとの40分は挨拶やら、肝心な話の導入部、さらには世間話や座を和《なご》ませる笑い話などに費やされるということです。

このことを知っているかどうかで、仕事のできる男かどうかがわかってしまうのです。

そこでまず大事なのは、新しい情報や面白い話と役に立つ話です。

人脈につながるルール 14

専門以外の話材のある人は、話がうまく運びやすい

ふだんから新聞、雑誌、テレビなどだけでなく、スマホでニュースを深掘りして、こまめにその種の話を集めている人が、座談の中心になり、相手を喜ばせるのです。

この場合、できるだけ最新の話や即時性のあるニュースにすることがコツです。古い話だと相手も知っているかもしれないからです。またこの種の話のネタをもっている人は、座談の出席者の中で、注目されやすいものです。

それは教養というか、世間知が広い人だと見られるからです。

長い人生の中で、最後まで一線で活躍できる人は、話材の広いタイプです。専門知識しか話せない人は、ほとんど途中で脱落していくことを知っておきましょう。なぜなら専門知識はどんどん古くなってしまうからです。

話材の広さ狭さだけで、上司から人間のゆとりや柔軟性を判断されることも、知っておいてソンはありません。

話し方の常識 15

人前で話すときこそ、本音の自分を出すようにしましょう

哲学者として有名なソクラテスに、弟子が話術について尋ねた話が残っています。


「私は演壇に立つと、気後れして、うまく話せません。どうしたらいいでしょうか？」

「きみは洋服屋と話すと、気後れするかね？」

「いいえ、しません」

「では靴屋とは？」

「もちろん、しません」

「では、友人とはどうだね？」

「先生、するわけがありません」

「では、行って、演壇に立ちなさい。今日の聴衆は洋服屋、靴屋と、あとは全員、きみの友人だと思えばいいのだよ」

これは一見すると、演壇での度胸の話のように思えるでしょうが、そうではありません。むしろいかに本音の自分自身を出すか、ということです。

私たちは意外に、自分という人間性を隠しているものです。いや、親しい人には出しすぎて、見知らぬ人には、一切出さない人が多いのではないでしょうか？

私たちの周りには「座談なら自信があるが、講演は苦手」という人が、大勢います。

しかしどうでしょうか？　本当に座談に自信があるのでしょうか？

自分だけが、そう思っている可能性がある場合も多いものです。

実はこのソクラテスのアドバイスは間違っている、といわれます。

理由は聴衆を感動させるには、それなりの準備をしなければならないからです。友人と話すときは、互いに何の準備も必要ありません。洋服屋、靴屋さんとでも同じでしょう。

「座談なら自信がある」、という人は、逆説的にいうならば、「つまらない話には自信がある」

といっているようなものです。

もう少し専門的にいうならば、座談には発声法は必要ありませんが、講演には必要です。プロの歌手は何十曲歌っても、声が出なくなることはありませんが、素人は1、2曲はうまく歌えても、何十曲は歌いつづけられません。

座談・商談でうまく話せるからといっても、講演はまた違う技術が必要です。また座談・商談でうまく話せたといっても、たまたま相手とウマが合っただけかもしれません。

世間には、ひねくれた性格の人がいるもので、ときには自信を失ってしまうこともあるものです。そうならないために、度胸をつけておかなければなりませんが、それだけでなく、準備を整えておくことも必要ですし、相手に気後れしない知識も大事です。

できれば、日々異なる話を仕入れて、それを話すように心がけましょう。話の新鮮さは、相手の心をこちらに引きつけます。

人脈につながるルール 15

初対面の相手でも、友人としてつき合う

話し方の常識 16

まずは相手の警戒心を解くことが先決です

誰でも初対面のときは緊張します。もちろん相手も緊張と同時に警戒しているものです。そんなとき、住所も固定電話もない名刺を差し出したら、よけいに警戒されてしまいます。では初対面で警戒されるのは、どんな場合でしょうか？

□ あまりにも着ているものが異なる人
□ あまりにも使う言葉が異なる人
□ あまりにも話す内容が異質な人

およそこの3点が食い違うと、互いに警戒心を強めるものです。どんなに話の上手な人でも、この3点が違ったら、仲よくなることはむずかしいでしょう。

そこで初対面のときは、なるべく相手に合わせることが必要です。いつもはジーパンをはいていても、年齢の上の人と会うときは、スーツ姿のほうが安心感を与えるでしょう。

相手によっては、この逆の場合もあります。また言葉遣いでも話題でも、できるだけ相手に合わせるようにすれば、リラックスして話せるようになります。

私はかつて週刊誌の編集長だった頃、皇室の方々ともおつき合いしていました。当然、初対面のときは、互いに緊張すると私は思ったのですが、実際は全然逆でした。

こちらの緊張感をほぐすような、ざっくばらんな話し方と笑顔で、いっぺんに仲よくなってしまったものです。これは「自分を一時的に捨てる」という技法で、マナーとして身についているのでしょう。

「立場の違い」という言葉があります。これは自分より上の人は、常に見下ろす位置にいる、という意味です。企業の社長室はほとんど、ビルの最上階近くにあるでしょう。

そこで上位の人、客を迎える人は、自分から近づくことが必要です。これによって、同じ立場に立てるし、相手の警戒心も緊張感も解けるのです。

人脈につながるルール16

ざっくばらんな話し方と笑顔が相手との距離を縮める

座談をスムースに進めるには、最初の挨拶のとき「初めまして」の言葉のあとに、「今日はお忙しいところを、お時間をとっていただき、ありがとうございます」といった一言をつけ加えることです。

また迎えるほうも、

「お暑かった（お寒かった）でしょう。この場所はすぐおわかりになりましたか？」と、相手を思いやる言葉をつけ加えると、たちまち緊張がほぐれるものです。

私の長年の経験では、手土産にやきいも、アイスクリーム、みかんのように、手で食べるようなものを持参すると、最初から親しくしゃべられる関係になれるものです。

話し方の常識 17

相手を快くする話材を選ぶのは、話し方の最低限のルールです

職場が同じであったり、住んでいる地域が同じという人とは、とりあえずの世間話ができたとしても、まったく共通項が見つからない、あるいは、お互いのことをまったく知らない相手には、どんなことを話していいかわからない、という人は多いと思います。

無責任にいえば、あまり窮屈に考えず、そのときに頭に浮かんだことを話しても、「世間話」というのは、案外うまくいくものですが、それでも、「これだけはいけません」という話材として、「政治」と「宗教」があります。

近頃は婚活パーティーに出たら、相手から新興宗教に誘われた、という話もあるようで、油断もスキもありませんが、そんな相手とは仲よくなれるものでしょうか。恐らくなれないでしょうし、パーティー費用をソンしたと思うでしょう。

たとえ「勧誘するつもりなんてない」と思っていても、初対面の人たちが集まる場で、「宗教」に関する話材は御法度《ごはっと》です。

対談、座談のコツは、相手を快《こころよ》くすることであって、気まずくなる可能性の高い、政治の話や宗教のことは、除外しなければなりません。

最近は世界で宗教戦争まで起こっているだけに、とくに注意が必要です。誰がどの政党を支援していたとしても、それは自由です。

宗教にしても、一人ひとりの信仰はわかりません。それだけに、話題から除くことが大事になってきます。

ここまでは誰でもわかっていますし、納得できるでしょう。ところがむずかしいのは、マスコミや芸能界、大企業も、政治、宗教と関わっているということです。

いつの時代でも挨拶代わりになるのは、ときの首相をけなす話題です。

「安倍首相の憲法改正好きには困ったものです」

一見すると無難なようですが、相手によっては無難ではありません。

大企業はときの政権寄りですし、新聞、テレビでも政権寄りもあれば、朝日新聞やテレビ朝日のように、反政権タイプのマスコミもあります。

宗教にしても、旧宗教、新宗教の信者を合わせると2億人を超える、といわれます。日本の人口の約2倍になってしまいますが、それほど多いということです。

芸能人は政党と新宗教教団のバックがある人ほど長つづきする、といわれるほどで、まさにテレビ局では宗教の話は、これぽっちも出せません。

ここでよくいわれるのが「木戸《きど》にたてかけせし衣食住」という言葉で、安全な話題の頭文字です。

木―季節、気候　「いい天気ですね」
戸―道楽、趣味　「ゴルフはいかがですか」
に―ニュース　「これは大きな事件ですね」
た―旅、観光　「温泉はいかがでしたか」
て―テレビ　「あのドラマは面白いですね」
か―家庭、家族　「皆さんお元気ですか」

け—健康、病気　「体に気をつけましょう」
せ—性、セックス　「あちらもお元気そうで」
し—仕事　「順調のご様子ですね」
衣—衣服　「どこでお求めになりましたか？」
食—食べ物、食事　「ぜひご一緒しませんか」
住—住まい　「すばらしい眺めですね」

これは営業、セールストークの基本でもありますが、いつどんな席でも使える話材です。覚えておいて損のない頭文字だけに、話題に困ったときに使いましょう。

人脈につながるルール17

政治と宗教は話題にしない

話し方の常識 18

ゼスチャーを加えて話すのは、理解し合いたい気持ちの表れです

日本人ほどゼスチャーの下手な民族はいない、といわれます。

それは元来狭い土地、狭い部屋の中で育ったせいもありますが、茶道を最高の儀礼にしたことで、静寂を最上位に置いたからでもあります。

このため、現在でも私たちは話すとき、手を膝の上に置いて話す癖や習慣をもっています。

ところが、日本そのものが海外に開かれていく中で、世界中の国々の人々も多くなり、とくに若者たちは、外国の風習や習慣を当たり前のように取り入れてきました。

そうなると、互いに正確に理解しようとするせいか、笑いや手の動きも加えて話すようになります。

外国の映画やテレビドラマを見ていると、俳優たちは手だけでなく、全身を大きく使ってい

るようです。手というよりは、腕から指先まで、大きく握ったり、さらには5本の指を細かく震わせたり、日本人俳優よりオーバーです。

とくにこれからは、高齢者がますますふえていきます。すると、話していても相手に聞こえない場合も出てきます。

こんなとき10本の指を使えば、数字は確実に伝わるでしょう。

「5000円」といいつつ、5本の指と丸を3つ出せば、間違いなく相手はうなずきます。

これは一例にすぎませんが、話を交わすということは、互いの意思の一つずつの確認です。勝手に一方的にしゃべっても、それが相手に理解されなければ、何にもなりません。

「万人に通じる言葉は手である」というくらいで、昔から雄弁家は大きく両手を掲げたり、それを拳《こぶし》にしてふり下ろしたりして、大衆を沸かせましたが、その大元は1対1の座談にあるのです。

座談の名人は、話をするのではなく、「話を見せる」ことが大事だといいます。

これはなかなかむずかしそうですが、繰り返していくうちに、話のコツがわかってきます。

話を見せるとは、できるだけ具体的に話すということで、相手がそのシーンを、自分なりに思い浮かべるように話す、ということです。

たとえば「雨が突然降ってきて」といえば、聴き手は、その状況を思い浮かべるでしょう。

「昨日の夜の9時頃でしたが……」というと、聴き手は、その時間の自分の姿を思い浮かべるものです。

「5W1H」とは、

「いつ（When）」

「どこで（Where）」

「誰が（Who）」

「何を（What）」

「なぜ（Why）」

「どのように（How）」


という六つの基本要素をいいますが、これは情報伝達の基礎であり、ポイントです。

これこそ話を見せるコツであり、できればふだんから、この六つの要素を入れ込んで、話す訓練を重ねるといいでしょう。
もちろん、口だけでしゃべるのではなく、手も活用することを忘れないことです。

人脈につながるルール 18

手の使い方は、できるだけ派手にする

話し方の常識19

お世辞をいうのは、悪いことではありません

お世辞というと悪い印象に思えますが、一般的にいっても必要なものです。

辞書を引くと「心にもないことをお愛想のためにいう」とか「口先だけのほめ言葉」となっているので、お世辞をいう人自体が悪者に見えてしまいます。

しかし、このお世辞なり、ほめ言葉がなければ、会話そのものが味気なく、つまらなくなってしまうでしょう。

私たちは、尊敬している人から気に入られないと、仕事がうまく回っていきません。

「世辞」とは、人に気に入られる言葉を指していますが、お世辞もほとんど同じ意味です。

もちろん口先だけの人もいますが、心からのお世辞というものもあるわけで、座談をスムースに運ぶには、このお世辞は欠くべからざる言葉なのです。

そこで話し下手な人ほど、見えすいたお世辞を並べたてることになります。美しくないのに「美しい」といったり、うまくもない料理に「絶品です」などといえば、それは最悪のほめ言葉になります。

しかし美しいのに「美しい」といわなかったらどうでしょうか？　おいしい料理なのに、ほめなかったら、相手は傷ついてしまうでしょう。

つまり、座談のときは、必ず何か一つでもほめる要素を見つけて、ややオーバーにほめるのが礼儀です。

よく「お世辞をいうのは嫌いだ」という人がいますが、むしろそういう人は異常なタイプと見なされ、つき合いを拒否されることになりがちです。

会話というものは、飛び抜けてうまくなる必要はないのです。アナウンサーや司会者は、それが仕事であり、話を盛り上げられなかったら、失格でしょう。

一般人である私たちは、それがお世辞だとわかっていても、いわれてイヤな感じにはならないものです。たとえば相手が、

「私はどうも短気でいけません。それでよくトラブルになってしまいます」

と話したら、

「私のところの社長も短気で、すぐ怒り出しますが、まっ正直な人なので、社員に慕われています」

といったら、直接的なお世辞にならず、間接的なほめ言葉になります。こういったお世辞なら最高でしょう。

詩人のゲーテは、小説も書けばドラマもつくり、政治家の手腕もあって、絵も巧みでした。

あるときこのゲーテに対し、

「あなたという人は一人ではなく、もしかして十人いるのでは？」

といったところ、「大ゲーテ」といわれた男でも、大喜びしたという話が残っています。

どんな偉人でも、うまいお世辞をいわれたら、喜ばない人はいないのです。

人脈につながるルール
19

うまいお世辞は最高のほめ言葉になる

話し方の常識 20

だじゃれ、軽口から、会話が広がっていくこともあります

相手を笑わせることができた場合、どんなプラスがあるのでしょうか？

（1）短時間で打ち解けることができる
（2）明るいキャラクターだと思ってもらえる
（3）苦手意識がなくなる
（4）頭の回転が速いと思われる
（5）異性から魅力的と思われる

これは「笑う、笑わせる」ことの効用ですが、ときに「笑い」は、仕事の能力より大切な場

合もあるくらいです。それまで誰が訪ねて行っても、うまくいかなかった顧客を、笑い話で陥《かん》落《らく》させたという話は、実際にいくらでもあります。

この笑いはユーモア、だじゃれ、軽口によって取れるものですが、若い人ほど巧みです。それは、テレビのお笑い芸人をよく見ているからでしょう。

このお笑い芸人を分類すると、4種類に分かれるようです。

（1）たけし型―毒舌を交えたユーモア。時事ネタを巧みに笑いに変える。ひとり芸。

（2）タモリ型―所ジョージも同じですが、相手と軽妙な会話をしつつ、笑い話を混じえる。対談芸。

（3）さんま型―観る人がいて光るお笑い。自分でいって自分で笑うタイプ。体や手ぶりも使う若者向きのお笑い。少人数芸。

（4）はだか型―上半身はだかの状態で笑わせる男芸。アキラ100%、とにかく明るい安村が人気ですが、誰にでもできるわけではない芸。

これを見てもわかりますが、近頃は高尚な英国式ユーモアはむずかしすぎて、笑わせることができません。だじゃれ、軽口、体芸で笑わせるほうが、向いている気がします。ユーモアの本を何種類も読むより、テレビのお笑い番組を見ているほうが、はるかに身につきます。

一時期はやった「船で赤道を通るとき、赤い線が見えた」といった小咄《こばなし》は、いまははやりません。第一、赤道を知らない若い男女が大勢いる時代になったからです。

それより――

□ 酔うと、「よう！」としかいえません

□ ですます口調で済ます区長

□ 「おでんはありません」と「お電話ありました」

□ 「エーゲ海にはええ外科医がいますよ」

□ 「中国船は了解ないのに領海内」

□ 「部活動に部下集《つど》う」

□「お食事券で汚職事件」
□「フェラあり」のフェラーリ

こんなネット上に載っている語呂合わせのほうが、面白いと思いませんか？

むずかしいビジネス会話のときなど、息抜きにも、笑いが喜ばれることがあります。ときには少々エッチなジョークが必要な場さえあるくらいです。

「うちの妻の求めてくる回数が、一番少ない月を教えようか？　2月さ。日数が少ないからね」

「今年は1日多い閏《うるう》年なので、ちょっと大変でしたね」

こんな雑談も悪くはなさそうです。

人脈につながるルール20

相手を楽しませることが会話の基本

話し方の常識21

話題に困ったら、いま見てきた話をしましょう

「500メートルの恋」という話があります。男女が仲よくなるには、職場から500メートル以内にいる相手を選ぶと、うまくいくというのです。遠距離恋愛というつき合い方もありますが、現実には、結婚まで達しないカップルがほとんどです。なぜそうなるのでしょうか？遠距離恋愛では、共通の話題が乏《とぼ》しくなってしまうからです。かりに、いま見てきた事柄を話しても、電話でその状況はなかなか伝わりません。

それに対し、男女が500メートル以内に住んでいたり、勤めていたりすると、いま見てきた話題は、まさに共通の情報であり、瞬時にわかり合えるものです。

これは男女の仲でなくても同じことで、ビジネス仲間同士でも、互いに夢中になって話し合える話材になることでしょう。

人間というものは狭いところに住んでいるもので、かりに中東で戦火が燃えさかっていても、酒の場での話題はそういう政治的な話でなく、もっと身近なゴシップ的な話で盛り上がるものです。恐らく誰でも、二人きりの座談になったら、遠い国の話でなく、身近な天気の話や景気の話になるのが、ふつうではないでしょうか？

それこそ、数分前に見た面白いシーンがあったら、それが主たる話材になるのです。

新聞記者や雑誌記者たちは、取材が仕事ですが、取材される側は彼らから、面白い話を引き出そうとします。そこで記者たちは、手帳にいくつか話材を書き留めておき、男性の相手にはこの話、女性にはあの話といった具合に、身近なゴシップめいたものを、話の発端にもってきます。

（1）伺うお宅の周りの話材
（2）そこに行くまでの風景
（3）特徴のある住宅
（4）伺うお宅の近くのスーパー、コンビニこの四つの話題は、どのお宅に伺うにしても、目さえしっかり開いていれば、見られるものです。つまり、会話というものは、会ってから始まるものではなく、それ以前から始まっているのです。

記者の中には、駅を降りたら喫茶店に入ったり、ラーメン屋に入る人もいます。もちろん身近なネタ探しなのですが、こういった小さな努力が、取材を成功させるものです。もっとすごい人は、これから伺うお宅は、江戸時代どういう場所だったかを調べて、それを最初の話題にしています。

いまはネットや地図によって、現代と江戸期の同一場所を重ね合わせることができます。わずかな事前の努力ですが、親しくなるには、こういった話題を前ふりする方法もあります。小さな準備で、大きなビジネスを生むこともあるということでしょう。

人脈につながるルール 21

共通の情報は、瞬時にわかり合えるきっかけになる

話し方の常識 22

うなずきっぱなしの人は信頼されません

世間にはYESばかりいう、イエスマンタイプが少なくありません。話をしていても、

「おっしゃる通りですね」

「実際、お説の通りです」

と、何でもかんでも、相手の説に迎合する人がいます。

職場でも上司の話に、うなずきっぱなしの部下がいますが、脇で聞いていても、あまり気持ちのよいものではありません。

しかしこれとは反対に、ノーマンともいうべき人もいます。何でも人のいうことを素直に聞かないで、いわないでもいいことを一言加えて、イヤな顔をされるタイプです。

「いや、それは違うよ」

「いや、そんな話、面白くもなんともない」

などと、反対意見をいうので、座が気まずくなったり、白《しら》けたりしてしまいます。

このどちらも座談には不向きで、とくにビジネスの場では、仕事がうまくつながりません。

とはいえ、迎合しなければならないときも、反対意見を出さなければならないときもあるもので、そんなときはどうしたらいいでしょうか？

このときは一旦、相手の話に合わせることです。

「おっしゃる通りだと思います。私も賛成ですが、このときはどうでしょうか？」

と「前半賛成、後半反対」の態度を示すといいでしょう。

最近は高校や大学で「ディベート」の時間があるようです。ディベートとは自分の理論の優位性を相手や聴衆に認知してもらうもので、なにも相手を論破することが目的ではありません。

日本でも「朝まで生テレビ！」で、この方法が話題になりましたが、実際には、ただ相手を罵倒し、自分の論をふり回す人が多く、お互い納得するところがないようです。

このディベートは、論理性で正しさを説明し、相手を説得するものだけに、感情的になりやすい日本人には向かない面があります。

それにディベートは大勢の場面では有効ですが、1対1、あるいは2対1といった少ない人数では、仕かけるべきではありませんし、かりに向こうから仕かけられても、やんわりかわすほうがベターです。

要は、人間性として「この人はイエスマンだ」とか「この人はノーマンだ」といったレッテルを貼られないことです。

そのレッテルが貼られると、人間性が疑われるだけにソンです。とくにビジネスの場では、長い信頼をかちうることが目的になるので、なまじ嫌われる会話はやめること。

なかには「相手を凹ませてやった」と得意気に話す人もいますが、それこそ愚かなことです。

この人は「人間ができてるな」と、相手に思わせることを主眼に、つき合っていきましょう。

人脈につながるルール 22

イエスマンはバカにされる

話し方の常識 23

目下の人間の気分を和らげるのは、目上の者の義務です

正式な対談でなくても、年上と年下が会話する機会は多いものです。こんなとき年上側は、年下の人間の気分を和らげるのが義務です。

先に口を開いて、相手が話せる環境にするのがルールというべきで、そのためには、目上は礼儀作法を崩さなければなりません。

「ゆっくりしていってください」

などといって、自分から上着を脱いで、相手にも脱がせるとか、昼間であっても、

「コーヒーよりお酒にしますか？」

と、わざとリラックスした姿勢を見せるのも、悪くありません。昼間からアルコールを飲めないことはわかっていても、その一言で目下の人は、ぐっとくつろぐことができます。

反対に目下の人は、自分が緊張して、何もしゃべられなくなっては、話の趣旨が目上の人に伝わりません。こんなことをいったら、あるいは訊いたら、相手に笑われるんじゃないか、あるいは軽蔑されるんじゃないか、という遠慮は、一切無用です。

とはいえ、やはり目上の方には、誰だって認められたいものです。

そんなときは、どうすればいいのでしょうか？

それには、目上の人が知らない話をすることです。目上の人が知らない話とは、目下の人たちの日常の行動です。女子高生が自分たちの日常生活を話したら、目上の人であれば、男性でも女性でも、真剣に聞くでしょう。

20代の男女であれば、普段どんな言葉遣いをしているのか、どんなつき合い方をしているのか、目上の人は興味津々です。30代の夫婦げんかの話をすれば、50代、60代の人にとって、くわしく知りたいところでしょう。

とくに作家は、こういう話を真剣に聞きたがるものです。作品の中に使えるからです。

多くの人は、相手の年齢、教養、話題に合わせなければいけないものだ、という錯覚があります。

それでムリに背伸びした話題を出しがちですが、それだと目上には絶対認められません。

極論するならば、目上の人が別の場所、別の機会に、

「いまの若者は、こんな生活をしているんだよ」

と話せるネタを提供すれば、その目下の人は必ず可愛がられる存在になれるのです。

幕末の志士・坂本龍馬は、多くの地方在住の大名や重臣たちに招かれましたが、江戸を初めとして、諸国の自分と同じ20代の若者の話を、くわしく教えたといいます。

何も「この国を平和にしたい」といった、こむずかしい話をしたわけではありません。

若者がそんな話ばかりしたら、大人は煙たがって、いやがるでしょう。

目下の人にとって目上の人との対談の真髄は、とりあえず自分の名前と、できれば「面白い奴だ」と、顔を覚えてもらうことです。

その目的のために、工夫する人間が将来伸びていくのです。

人脈につながるルール23

背伸びした話題で自分を大きく見せようとしない

話し方の常識24

相手にいい印象をもってもらえたら、話はどんどん進んでいきます

自分が感心、感銘を受けたというだけで、その話を相手にして、同じ感動に引き込もうというのは最低です。

それで一番多いのは、有名映画を観たあとの感想です。

「今度の〝スター・ウォーズ〟はつまらないですね」

と、相手も観ているのが当然、という顔で、最新作の話をするタイプがいます。

作品名は時代によって違いはありますが、自分が夢中になっている映画の、感銘を受けたエピソードを披露します。

しかしこれだと、一方的になる上に、こちらの教養のレベルがわかってしまいます。

不思議なことに、人間の価値は、最初に会ったときに交わした会話で決まる、といわれます。

よくある例に、人によってAさんの評価が大違いになっていることがあります。それはAさんの第一印象が強く評価に影響を与えたからです。

一人には、Aさんの第一印象がすばらしくよかったのでしょう。ところがもう一人には、Aさんの第一印象が悪かったのです。このときなぜ第一印象のよし悪しが起こったかといえば、ほとんどはそのとき出た話題からです。

これによって、好き嫌いが分かれたのでしょう。しかしそれだけではありません。服装もありますし、ときには、土産物で起こる場合もあるといいます。

最悪のケースは、伺った先方の駅前で見つけた店で、土産物を調達したときです。かりにその駅が、どんな繁華街にあっても、その土産では最悪を免《まぬか》れません。適当に買って来た、と思われるからです。

これに対して好感を抱かれるのは「あの店の品がほしい」と、評判が高い商品です。東京には、どら焼きの名店が三軒ほどありますが、ここには企業から「役員が手土産として持参する」というので、朝早くから秘書たちが買いに来るほどです。

どら焼きですから、けっして高くありません。いやむしろ安いほうでしょう。

それでもわざわざ、上野、浅草、東十条まで行って買って来るという「手間と時間」に、頂戴した客のほうが感激するのです。

そしてここが大切ですが、その土産物が話題となって、話がはずんでいくことです。

つまり人脈づくりの土産物といえるでしょう。

大切なことは、上位者には最初の第一印象で、よい感じをもたれる点です。

それと同時によい印象を与えれば、話がどんどん進んでいく、大切な客として扱われることになります。こう考えると、よい印象をもたれるには、少なくとも前日から、話題や手土産などをどうするか、決めておく必要があります。

「いい出会い」には、準備が整えられているものです。

着ていく服装の選び方でも、第一印象は大きく違ってしまいます。春や夏の季節感覚を、人より少し早く、前倒しにしてみましょう。

人脈につながるルール 24

その日の話題と手土産は前日のうちに決めておく

第3章

人脈につながる「雑談の力」

話し方の常識 25

雑談には想像以上の力があります

雑談はその言葉通り、雑然とした話を交わすことであり、とくにテーマを決めたものではありません。

それだけに、一つや二つのテーマでは、雑談はつづきません。ということは、雑談のできる人、上手な人は、それこそ雑学をふんだんにもっている人を指します。

ではなぜ雑談が必要なのでしょうか？

それは互いにウマが合うかどうかを、知りたいからなのです。

わかりやすくいえば、理系の人は理系の雑談が得意ですが、反対に文系の人は、文系の雑談をたくさんもっています。

互いに知識はもっていても、これでは雑談が成り立ちません。この雑談が成り立たないと、ときに時間をもて余してしまうでしょう。

その意味でも、雑談で時間がつぶせるかどうかは、非常に大事なことなのです。

また私のような編集者出身の人間は、男性にかぎらず、女性とも親しくならなくてはなりません。おつき合いする方々は作家、政治家、経営者から、芸能人やホステス、学生に至るまで、種々雑多です。

そうなると、ピンからキリまでの雑談ネタをもっていないと、親しくなれません。

反対にいえば、雑多なネタをもっていればいるほど、多くの分野の方々とおつき合いが可能になります。たかが雑談と思うかもしれませんが、されど雑談であって、雑談の達人には、その周りに人が集まってくるのです。

この社会は、自然と人が集まってくるほうが有利です。なぜなら人が集まれば、情報もお金もビジネスも集まってくるからです。

その上、上位の人とつながっていけば、自然と有利な人脈ができ上がっていきます。

表現がよくありませんが、ほかの同年齢の人たちは一生懸命働いているのに、こちらはのんびり雑談しながら、彼らより有利な社会的地位につくことになるのです。

それはウソではありません。なぜならトップレベルの作家と仲よくなれば、その一人で大きな利益を会社にもたらすことができるからです。

私は22歳で、当時43歳だった松本清張先生とおつき合いし、先生の全作品中の相当数を「カッパ・ノベルス」から出版できる基礎をつくりました。

つまり編集者として最初の1年間、先生とダべっていたことで、私は一生分の収入を軽く稼いでしまったのです。

たまたま私の雑談、雑話が、先生と波長が合ったのでしょう。

先生もその頃はまだ新人作家でしたので、新人の私とウマが合ったのかもしれません。

しかし雑談には、それだけの力があるのです。ともかく知識を広くすれば、必ずそれを上回るプラスがあると信じてみることです。

人脈につながるルール25

雑談の達人の周りには面白い人が集まってくる

話し方の常識 26

会議の前の雑談が仕事をスムースにします

私はよく「雑談ってどういうものを指すのでしょうか？」という質問を受けます。改まってそう聞かれると、考え込んでしまいます。「これが雑談だ！」といえるかというと、そう簡単ではありません。

ただ、こういうことはいえます。食事のあとのデザートのように、必ずなくてはならない食べものではない、というものです。

たとえば仕事上で二人が会ったとします。

そのとき、すぐ本題の仕事の話に入ってもいいのですが、

「今年は例年より暑いですね」

「例年より、2度暑いと、テレビではいっていますね」

「いったい人間は、摂氏何度まで生きていられるのでしょうか？」

「暑さは人によって違うようですが、インドは先日、50度という熱波に襲われ、400人ほど死んだようです。寒さではマイナス25度で死ぬ、と聞いたことがありますが」

かりにこういった雑談がスムースに行われたとしたら、この二人は仕事だけでなく、今後プライベートでも、親しくつき合っていきたいと思うでしょう。

とはいえ、この話がなくても、本論に入ることはできます。ただ二人の会話にせよ、数人の打ち合わせにせよ、会ってすぐ本題には入りにくいものです。

これは男女の性行為でも同じで、愛の言葉や前戯のあるほうが、うまくいくはずです。

職場での女性社員は、男たちの会議がなかなか始まらないことを、よく思っていません。

「また会議がすぐ始まらないのよ。昨日のゴルフのスコアがいくつだなんて、そんな話をしていていいのかしら？」

たしかに会議の前に、ゴルフのスコアの話が出ることがありますが、これも一種の前戯の雑談と思えば、そう悪いものではありません。

むずかしい仕事の話は、会議室よりゴルフ場やカラオケの席など、リラックスできるような場所のほうが、スムースにいくことが多いからです。

また一緒にそういう場所に行ける仲であれば、雑談のウマが合っていると考えられます。これは大変貴重です。なぜなら、大きな仕事を話し合っているかもしれないからです。

これは一つの例ですが、理系の人と文系の人が雑談しても、ウマが合わないこともあります。ところがなかには、非常に仲よくなることもあるのです。

互いにくわしい分野の雑談を、二人が好むことがあるからです。とても勉強になるからです。雑談の面白い人は、話題が豊富ということで、直接の仕事以外で役に立つこともあります。その人と仲がいいというだけで、評価が上がることもあるくらいです。

では雑談が評価される人は、どういう雑学を身につけているのでしょうか？

人脈につながるルール26

ウマの合う人は雑談から見つかる

話し方の常識27

雑談してもいいときと、してはいけないときがあります

何人かと雑談を重ねていくと、プラス志向の人かマイナス志向の人か、わかってきます。

「毎日雨がつづいて、気が滅入りますね」

そういいながら、暗い顔をします。

このタイプの人は、雨にかぎらず、何でも気分が暗くなるように結論づけます。

大地震がつづく、交通事故が多い、政治家がよくない……。

なかには食事をしながら、

「サラダ油はあまりよくないようですね。認知症になるとか」

知識はもっているのでしょうが、このタイプとつき合っていると、こちらの運が落ちてしまいそうです。

せっかくゴルフをやっているのに、キャディにぶつぶつ文句をいっている男もいます。そして昼飯になると、キャディ談義が始まります。

雑学はあるのでしょうが、その解釈が、ほとんどマイナスになるようでは、つき合うのは考えものです。

雑談からは、このように性格を見抜くこともできます。

それだけに雑談は大事なのです。

またいくらでも、雑談が飛び出てくる人もいます。それだけ経験も豊富なのでしょうが、それは雑談力とはいえません。

雑談は「していいときと、してはいけないとき」があるからです。

(1)大事な話が控えているときの雑談は、時候の挨拶や、直近のニュースについての情報交換

(2)自分はその会席で、何番目の順位なのかを考える。下位であれば、自分からしない

(3)相手がその雑談に酔うように話しているときは、横取りしない

（4）大きく時間が空いてしまったときは、下位から積極的に話題を広げる
（5）雑談は、ムリに結論づけることはしない。そういう話があると披露して、相手の結論づけに合わせることが大切
（6）同性の場合は雑談の種類が似るが、異性の相手のときはむずかしい。季節の着るもの、食べもの、テレビの話題、そのときの大ニュースなどがいい

大事なことは、雑談はあくまで間をもたせるためのものであって、それが本題ではない、ということです。

時間が30分しかないのに、雑談に半分も使うようでは失敗ですし、もし相手が上位者であれば、二度と会っていただけないでしょう。

なぜなら、上位者のほうが、時間単価が高いからです。

私は長年、週刊誌の編集長をつとめましたが、できる編集長や記者、ライターは、誰でもこのことを心に留めていました。

それは時間です。

「取材に何分いただけますか？」

と、相手に確認してから本題に入るのですが、短時間のときは、すぐ本題に入り、少し長く時間がいただけるときは、こちらのもっている情報を雑談風に話します。

こうすることにより、互いに信頼できる間柄になれるのです。

人脈につながるルール 27

長すぎる雑談で相手の時間を浪費させない

話し方の常識 28

週刊誌やテレビは雑談のタネの宝庫です

雑談といっても、どうやって雑談のタネを仕入れればいいか、まったくわからない人も多いと思います。また、わざわざ仕入れなくても、毎日の仕事や遊びの体験の中に、雑談そのものが詰まっている、と思っている人もいるでしょう。

私は雑学そのものを集める仕事の、雑誌編集部に長年いたせいで、人より雑学が多いと思います。では雑誌には、毎週、毎月、どのくらいの雑学が入っているのでしょうか？

私が女性週刊誌の編集長として、毎週1冊の中に入れた雑学の種類は、ほぼ50テーマです。映画、テレビ、ラジオ、スポーツ、音楽、ショッピング、料理、レストランなどなど、その雑学テーマは種々雑多でした。

それに政治家や有名人、芸能人などのスキャンダルも入るのですから、1冊買っただけでも、雑談ネタは頭に詰まってしまいます。これだけ知っていたら「この1週間、誰と話しても話題には困りませんよ」というほどの知識と知恵、情報を満載したのです。

それこそ、いまこの本を読んでいる方も覚えているかもしれませんが、ツイッギーというミニスカートの女王の記事も、口裂け女の記事も、あるいはフィリピンの心霊手術の記事も、すべて私のアイデアです。

この場で一つ詫びておきますが、口裂け女などは実在しません。編集部員の独創です。

私が編集長をつとめた「女性自身」も「微笑」も、当時は全国のホステスさんが、発売日に先を争って買ったものです。それはなぜでしょうか？

一番新しい芸能、皇室、社会ニュースなど、さまざまなトピックを人より早く読んで、その夜の客に雑談として教えるためです。いまでは「週刊文春」かもしれません。

男の客たちの中には、そういった街の知識や情報を知りたい人も大勢います。今度はそれを新情報として、仕事の雑談で話せるからです。

この雑学は現在、週刊誌の衰退と共に、テレビの午後の番組に引き継がれています。「情報ライブ　ミヤネ屋」などは、女性の人気の頂点に立っています。

あるいは夜の雑学クイズも、似ています。林修という東進ハイスクールの先生は、いまテレビで大人気です。それは漢字に関する知識が、広く深いからです。それこそ週刊誌の記事や漢字の話が、雑談のタネになるのです。

人は思いがけないことで親しくなれます。

ミヤネ屋の宮根誠司や林修、それにテレビの時事解説の池上彰の3人は、嫌いな人の少ないタレントといわれています。この3人が好きだというので、意気投合する男女が多いとか。それだけ雑学を必要とする人たちがいる、ということでしょう。

最近は、仲間を欲しがっている人がふえてきました。

一人では何もできないし、その人とつき合って、少しでも伸びていきたい人が激増しているということです。雑学仲間を大事にしましょう。

人脈につながるルール28

一緒に成長できる雑学仲間を大切にする

話し方の常識 29

いい質問をすると、いい答えが返ってきます

雑学でも、それが特定の分野の厖大《ぼうだい》な知識となれば、軽々しく雑学とはいえません。それは教養であり、うんちくです。

うんちくとは、ある分野について蓄《たくわ》えた知識のことで、近頃はとくに、料理やレストランなど、食についての知識や、薬、医学、民間療法、痩身《そうしん》知識についての広い雑学、さらにはイヌやネコなど、ペットについての知識をもつ人がふえてきました。

またテレビでお笑い番組を見ているせいか、人を笑わせる話材も、たくさんもっています。

これだけもっていれば、話し上手になって当然ですが、人と交流が少ない分、どう相手と交互に話していいのか、わからないのかもしれません。

実にもったいないことです。

話し下手な人の話し方を分析すると、質問の仕方、話の返し方がわからない、という人が多いようです。

本当なら、相手がうんちくを傾けて、一生懸命話しているときは、

「それはすごいですね！」

「それは面白い。で、そのあとどうなったんですか？」

と、もっと聞きたい、早く聞きたい、という気持ちを言葉にすればいいのです。

ところが話がつづかない人は、

「ハァ、そうですか」

と、あいづちを打つだけです。

これでは相手は話す気になれませんし、せっかくの機会を逃してしまいます。

質問にはいくつかの基本があります。

（1）1回に一つにしぼる

（2）相手の話をさえぎって質問しない

（3）同じ目線、同じ立場に立つ
（4）だらだら質問しない。短く簡潔に
（5）角度を変えて再質問する

誰でも質問の場に立ったことはあるでしょう。

「どなたかご質問は？」

と聞かれたとき、最悪なのは「質問しない」ことです。

質問しないということは、しっかり聞いていなかったということであり、さらには質問力がないと思われてしまいます。

質問はケンカではありません。

ケンカ腰の質問なら、しないほうがいいでしょう。

よき質問者は1回の質問の中に、三つも四つも質問を入れてはなりません。かりに大勢の中だったら、これだけで、質問能力のないレベルの低い人と思われます。

また、話が一段落したところで質問すること。これはルールです。途中で話をさえぎったら、相手は怒り出すかもしれません。

質問は上から目線、下から目線ではなく、対等の立場がいいでしょう。もちろん上位者には、丁寧であることは当然です。

自分の質問の仕方が悪く、相手がうまく答えられないときは、一旦詫びて、角度を変える必要があります。答えられないのは、こちらの質問の仕方が悪い、と認識することが大切です。

人脈につながるルール
29

質問で相手の話をさえぎってはいけない

話し方の常識 30

椅子の座り方ひとつで、雑談が盛り上がります

雑談が盛り上がるのは、場所や席と大きな関係があります。

ホテルのように広くて整った場所では、雑談は盛り上がりにくいものです。なぜなら、一般人は少し緊張するからです。同じように、高級レストランや料理屋でも、盛り上がりません。

そんな席では、品のない話が出にくいからです。

また料理のうんちくを傾けたくても、店側の人がそこにいたら、笑われるのではないかと、うっかり話せません。

また静かな空間では、大きな声を出しにくいものです。そういったさまざまなことを考えて、場所を選ぶことが大切です。

寿司、日本料理、フレンチ、イタリアン、中華、アジアンなど、街にはいろいろな料理店が

あります。また大衆酒場のようなにぎやかなところもありますが、最近はこれらの中で2時間限定、といった店もあります。

どの店が話しやすいかは、いちがいにいえませんが、二人なのか、大勢なのかでも、変わってきます。

また店のランクでも変わってきますし、椅子か座敷なのかでも、大きく変わります。

基本的には、次の四つがあります。

（1）改まった話をしたいときは、正面に向き合う
（2）5、6人で、極力話をしたくないときは、面と向き合う場合も、席を左右へずらす
（3）ざっくばらんに話したいときは、二人がテーブルの角に座り、近づく
（4）会話の中で共同で作業したいときは、隣同士に座る

雑談を長い時間したいのであれば、（3）の形が最高です。二人の席が近づきますし、それほど大きな声を使わなくても、声が通るからです。

またテーブルの角をはさんで座ると、同性同士だけでなく、異性同士でも心が近づきやすいのです。

ふつうは正面に向き合うものですが、この距離が近くなるとプライベートで、親しみが深くなり、遠くなれば正式になります。会議などで長方形の真正面に向き合うと、とても緊張します。この形では雑談はほとんどできません。

また椅子の硬さ柔らかさとも、大きな関係があります。やはり柔らかいほうが、雑談には向いています。エッチな話も出やすいでしょう。

その点、大衆和食店には、脚を伸ばせる掘りごたつ式の席があります。ときには相手と脚が接触することもあり、エッチなうんちくを話すには最高でしょう。

このように席と座り方次第で、盛り上がることもできれば、できないこともあります。だから食事や会のセッティングは、大切なのです。

人脈につながるルール 30

もう一度会って話したいと思わせるセッティングを心がける

話し方の常識31

共通項があればあるほど、親しい関係になれます

話が盛り上がる最短の方法は、二人の間に共通項が生まれたときです。

外国からの帰途、飛行機の機内で、互いに「よろしく」と挨拶をしたことで、そのなまりから同郷だったことがわかり、一挙に親しくなり、話がはずんだ、という人はいませんか？

恐らくこれに似た体験の持ち主は、大勢いるはずです。

大学野球やラグビー、サッカーなどを観戦に行くと、同じ大学の卒業生と隣合わせた、という話もよく聞きます。

私の長年の経験では、高校野球やプロ野球の中継をしている店で、同郷の人と出会う確率は高いように思います。

これにかぎらず、初めて会った日には、なるべく共通項をさがし出す会話が重要です。

「私は紅茶にしますが、あなたは？」

「私も紅茶にします。コーヒーは1日2杯と決めているもので」

「それは私と同じだ！　紅茶は何にしますか？」

「それが無趣味で、なんでもいいのです」

「ますます似ています」

たとえばこんな会話がつながれば、趣味から話が盛り上がりそうです。

共通項には――

(1) 世代が近い
(2) 社会や職場での立場が共通
(3) 食べもの、飲みものの好み、趣味が似ている
(4) 出身地が近いか同じ
(5) 出身校が同じか、学部が同じ
(6) 通勤時間、経路が似ている

(7) 自宅の方向が近い
(8) 共通の知人・友人がいる
(9) 生活態度や習性に共通項がある
(10) 家族に共通項がある
(11) 地震体験など、同じような体験をもつ
(12) 同じような持病や症状をもっている

この12項目のどれかでも似ていると、急速に親しくなるものです。かりに初対面でも、この一つひとつを、相手と確認していくと、意外に共通項は多いものです。

食べものでの一致は、この中で一番多いといわれます。また寝坊だとか、早朝型だとかでも、似た人は多いでしょう。

また離婚体験をお互いがもっていることも、少なくありません。

男同士の場合は、通っているキャバクラが一緒だった、という笑い話もあり、急速に親しく

なった、という話もあるほどです。

なぜ共通項をさがし出すことが、これほど大事かというと、その中に男であれば、「互いにビジネスで役に立つ」という大きな目的があるからです。

女性同士でいうと、悩みが起こったとき、相談相手になってもらえるか、という大切な存在になるからです。

親しくなれる共通項があるかどうか、よく話し合ってみましょう。

人脈につながるルール 31

目的が同じ人ならビジネスでつながる

話し方の常識 32

雑談には「根回し」という大切な目的が含まれています

雑談だからといって、大した話しかできないとしたら、上位者と話すわけにはいきません。

たしかに雑談というと、英語でいうチャット（chat）、ペチャクチャしゃべりのように思ってしまいますが、実は雑談には、日本でいうところの「根回し」という、大切な目的も含んでいます。

それだけに雑談力の高い人は、本題に入らないうちに、目的の根回しを終えてしまうほどです。

私は雑談とは、歴史を語る際の「正史と稗史《はいし》」のうちの稗史だと思っています。

「稗史」とは小説、つくり話、噂話、いい伝えといったもので、裏付けのない話といっていいでしょう。

豊臣秀吉がサルのような顔をしていたかどうかわかりませんが、そう考えたほうが面白いからです。それが小説のつくり方なのです。

また正しい秀吉像を知っていながら、いい伝えやつくり話を語るとすれば、その人の知識、知性が感じられます。

つまり稗史、つくり話を交えて話せる人は、相当な知識の持ち主と見られるのです。

そこで、次の5分野の知識を、少しずつ蓄えていくといいでしょう。

(1) 偉人伝と、その偉人をモデルにした小説を読む
(2) 最新の情報と最古の知識
(3) 男性は女性、女性は男性の知識
(4) 自分にとって同業の知識と異業種の知識
(5) 高齢者と若者の最新情報

まず偉人の正史と稗史を勉強すること。

ただしこのとき、宗教に関する偉人は除外しましょう。というのは、聴き手が信じている宗教だったら、噂話は聞く気にならないからです。

古今東西の政治家や学者、武将などだったら、できるだけくわしく調べておきましょう。

最新の情報といえば、AIやドローンでしょうか。

AIが人間の知能を超える日が間もなく来る、というシンギュラリティの話は、男同士だったら夢中になるでしょう。

また男性も女性も、互いの異性である人に関する知識を知りたいものです。その日常から考え方、好みなどについて、調べておくといいでしょう。

同じように、同業他社の情報だけでなく、異業種の今後についての話題も、欠かせません。もしかすると、自分の仕事に影響があるかもしれません。

さらに高齢者と若者の雑学も、かっこうの話題です。

近頃は下流老人がふえてきましたが、あまりに長寿になったため、それまでに生活費を使い果たすのだ、といわれます。

若者の最新情報によると、高学歴貧者がふえてきたそうです。

一流大学を出て、より高い収入を求めて、転職を重ねていくうちに、その企業が倒産、といったこともふえてきました。
そんな話題も、たまにはいいのかもしれません。

人脈につながるルール 32

同業他社だけでなく、異業種の情報も把握しておく

話し方の常識 33

話題に困ったら自分のことを話しましょう

人間は誰でも、知らない人の話より、知っている人の話に興味をもつものです。

「私の大学に○○教授という男がいたのですが……」

と話しても、相手の出身大学も異なる上に、その教授の名前が有名でないとなると、雑談のテーマとしては、あまりいい選択ではありません。

雑談の中で人名を出すときは、必ず相手も知っている人でなければなりません。さらに目上の人との人脈をふやしたいというのであれば、目上の人が興味を抱く名前でなくてはならないでしょう。

そうなると、なかなか名前が出てきません。私はマスコミ出身ですが、私の時代は作家や政治家のところに行くときは、前もって取材手帳に、10人ほど興味を呼びそうな名前と話題を書いておく規則があったものです。

これによって、雑談をつづける習慣をもっていましたが、いまの人たちは、ここまではムリでしょう。そこでイザというときは、自分を酒の肴《さかな》として差し出すのです。

それも失敗話が最適です。なぜなら私たちの脳は、面白い話、バカバカしい話、失敗話などに強く反応するからです。

それに目上の人には「小利口な人間」と思われるより「失敗した奴」「バカなことをした男」と印象づけたほうが、記憶されやすいものです。

いわゆる「かわいがられる」タイプは、この失敗人間です。

自分自身の失敗だったら、いくらでもあるでしょう。

私自身も失敗だったら、一晩かけても語りつくせないほどあります。

仕事上の失敗を筆頭に、金銭の失敗、女性問題の失敗など、いろいろありますが、できれば深刻な失敗例より、笑える失敗話のほうが、場を楽しくします。

もちろん失敗談だけでは、本当のダメ人間に思われてしまいますから、ときにはすぐれたところを見せるといいでしょう。

私自身でいうと、大学を出てから35年たった57歳のとき、宗教を勉強したいと思って、大正大学に1年間通学しました。この話は、ほとんどの人を感心させます。なぜなら、誰でも学び直したいという気持ちがありながら、実際にはできないからです。

そこで、どうやったら入れるのか、授業料はいくらなのか、週に何回通学するのかなど、熱心に聞く人が多く、雑談としては私の宝ものです。

あるいは私が15歳のとき、太宰治と思われる作家と偶然、箱根の温泉宿の湯船の中で一緒になり、4日間ほど作家の部屋に入り浸っていた、という話も興味をもたれます。

これは一例に過ぎませんが、どうしても話題につまったとき用に、二つか三つ、面白い話を用意しておくといいでしょう。

私はこの二つの話材で、多くの作家や経営者たちを感心させ、親しくなったものです。「おや、まあ、へえ」の話材は、とても大切なものです。

人脈につながるルール 33

笑える失敗話は、その場の空気を和ませる

話し方の常識 34

スマホには最新の情報から、最古の知識まで入っています

若い人なら、スマホから雑談の素材を見つけるといいでしょう。

いまのスマホは最新の情報から、最古の知識まで入っています。

まるで大学から図書館、テレビ局から新聞社、出版社、さらには全世界の政府公共機関、そしてマンガ喫茶やゲームセンターまで、この小さな手のひら大のスマホに、すっぽり入っているかのようです。

ところが大人の男女は、この百科事典的な宝庫を使いこなせません。かりに使っていても、その一部だけであり、アプリにしても、ほとんど入れていないでしょう。つまりはほとんど活用できていないのです。

それだけに若者が大人を追い越すには、スマホ活用が先決です。

大人たちの多くは、新聞、テレビ、それに活字の本や専門誌から、新しい情報を得ています。しかしこれからの時代は、そんな遅れた情報だけではやっていけません。

大人たちはそのことを十分知りながら、新しい電子機器を自分自身で活用できないでいるのです。

情報革命を推進しているソフトバンク、孫正義代表取締役社長は、現代には少なくとも、スマホとタブレットとクラウドの三つの武器をもたないと、ビジネス戦争に参加できない、といっています。

それに、もっているだけでは意味がない。どれだけ使いこなせるかだ、とも話しています。若者はこの点でも、古い世代に勝つチャンスをもっています。

できるだけスマホから得た情報を、上の人に提供しようではありませんか。

孫会長はあと10年後には、一人の人間が1000の情報機器を身につけるようになる、ともいっています。

そのうちスマホにしても、なくなってしまうかもしれません。そんな未来図も含めて、若者ならではの雑学を話していくことです。

恐らく上位者は、あなたを手放さないようになるかもしれません。
人の心を動かすには、心理学の知識が必要です。
その知識の第一は、
「知らないことを教えてくれる人に心を動かす」
というものです。
それらを教えてくれる人たちは、この4種類です。

（1）異世代
（2）異性
（3）異人種
（4）異業種の人

しかし正確にいうと、もう1種類、AIがいます。

AIはもう、人類の新種と考えていいかもしれません。孫社長のいう1000の情報機器を身につけた人は「人類の新種」だと、私は考えています。

若い人たちは、その新種の一人だけに、上位の人たちにとって脅威《きょうい》かもしれません。

ぜひその新しい世界を、スマホに詰まっている雑多な情報によって、古い世代に示してやってほしいのです。

人脈につながるルール
34

スマホを活用して話材を広げる

第4章

人脈につながる「女性の心を動かす話し方」

話し方の常識35

女性といい関係を築くには、「最初が9割」です

いまどき女性と親しく会話ができない、というのでは、仕事がうまく回りませんし、第一、職場で好意をもたれません。

なぜ男性たちは、女性とうまく会話の歯車が噛み合わないのでしょうか？

いまの男女は、大学まで共学の人が多くなり、男性たちも、女性との会話に慣れてきています。ところが職場に入ると、一般論として、急に女性の数が少なくなります。

それまでは男性と女性の数がほぼ同数であり、それだけに平等の立場にあったものが、多くの職場では、男性だけか、女性社員がいたとしても、ごく少数になってしまいます。

ここで男性たちは、なんとなく優位に立つようになり、会話も少し雑になり、いばったように思われてしまうのです。

どの職場でもよく見ると、女性の社員数の多い会社では、男性社員の言葉は丁寧です。ところが男性中心の職場になると、言葉の使い方が雑になります。

しかしこれでは、社会全体で女性中心となりつつあるのですから、大損ですし、うまくいきません。女性が味方になってくれなかったら、肝心なところで失敗するからです。

あなたは朝起きたら、家の中でも、会社に行っても、自分から、

「おはよう」

「おはようございます」

と挨拶していますか？

結婚していたら妻に、子どもがいたら娘に、職場に行ったら女性社員に——それぞれ自分から「おはよう」といってみましょう。

先に声をかけると、必ず相手も「おはようございます」と返すはずです。

これを「好意の返報性」といいますが、1回でもこの形になると、今後はずっと、女性から先に挨拶してきます。これで「最初」が大事だとわかるでしょう。

とくに女性の場合は「最初が9割」なのです。

最初に親近感を抱いてもらえなかったら、女性との間はうまくいきません。

では声のかけ方だけでなく、もっとほかに親密になれる方法はあるのでしょうか？

「自分と感性が近い、性格が似ている」と女性に思わせれば、急速に親しくなれるでしょう。

「類似性の効果」と呼ばれるもので、なかでも「あわてんぼう」は、笑いを誘うだけに、あっという間に心が近づきます。

「あわてて、靴下を片方ずつ、違うのをはいてきちゃった。どうもあわてんぼうで……」

女性の前でこう話すと、例外なく親近感をもってくれます。誰にも似たような失敗があるからです。自分をえらそうに見せるより、自分の失敗を話してみましょう。

女性は遠くに立つえらい人より、近くにいる面白い男性のほうが、気ラクです。好きになる確率も高いのです。思いきって、失敗談を話すのです。

類似性の効果によって、人気者になれるはずです。

人脈につながるルール 35

女性には自分から、丁寧な言葉を使う

話し方の常識36

女性は主観を入れて話すため、会話が長くなりがちです

女性と話していると、次第にわかってきますが「私」という自分を表す言葉が、男性よりはるかに多いものです。

太古の昔から、男は金銭や獲物を取りに「社会」に出て行っていたせいで、自分中心にはできませんでした。

社会での「自分」という存在は、あまりにも小さいからです。

それに対して女性は、生活と子どもを守るため、「家」にこもっていたことで「私」が中心の生活になっていったのです。

女性は自己判断型でよかったし、自分の愛する「人、こと、生活」を守っていくことが大切でした。これにより、子どもは母親中心型に育っていくのです。

この男女の習性は、男女平等の現在でも、なくなってはいません。

女性はどんなにステキなお店でも「私が好き」でなかったら、行きません。それも一旦嫌ったら、なかなか元通り、好きにはなってくれないのです。

そこで食事に誘うときも、

「あの店は初めてだけど、多分きみが好きだと思うから、行ってみない？」

という誘い方をするのです。

「自分の好き嫌い」を基準に考えてくれたのだとわかれば、女性は、好感をもつはずです。

たとえば、目上の女性にお土産をもって行くときも、

「たしか以前、この店のケーキがお好きだ、と聞いたものですから」

こういう表現を使うと、

「よくわかったわね」

と、喜んでくれるはずです。

女性との会話には「好き嫌い」という表現が、たくさん出てきます。

「あの政治家って大嫌い！」

「あの部長ってステキ」

こういわれたとき、これに反論してはなりません。反論すると、あなたまで嫌いの部類に入ってしまいます。

また女性は主観を入れて話すため、どうしても会話が長くなりがちです。女性と雑談するときは、男性同士の2倍の時間を用意するといいでしょう。

男同士だと、

「その事件は今朝のテレビ番組で、いっていたね」

の一言で終わりますが、女性と同じ話題をしゃべるとなると、

「私、あのテレビ番組、嫌いなの。司会者がなんとなくえらぶっているじゃない？」

と、方向が変わってしまい、本題まで戻るのに、時間がかかってしまいます。

「いや、司会者の話じゃなく、事件の話なんだよ」

と話を戻そうとすると、

「あなたはすぐそうやって、自分の話に戻そうとするのだから」

と、怒り出すことさえあります。

これは女性のレベルが低いということではありません。性質、性格なのです。
ところが男性は、これをもってして、女性を低く見がちです。
男性にも性格があるように、女性にも性格があるのです。
そこを間違えないことです。

人脈につながるルール
36

女性の好き嫌いに異を唱えてはいけない

話し方の常識 37

女性は、二人で話していて、楽しいのが一番です

女性は人の行動や性格、行為などの特徴を見抜くのがうまく、あだ名をつけるのが上手です。一種の危険察知能力が高いのでしょう。だからよいあだ名より、悪口に近いあだ名のほうが多いはずです。

女性がよくいう言葉に「あの人は虫が好かない」というものがあります。これは生理的な反発だけに、女性自身も、どうしようもないのです。

不思議なことに、女性は男性の容貌が整っているほど、生理的に好まないものです。

男性としては「おれはイケメンだ」と内心で思っているので、それを前面に押し出して、女性を強引に口説《くど》いたりしますが、そんな男性ほど、イヤがられるものです。

明石家さんまは出っ歯で、とてもイケメンとはいえません。しかし女性たちからの人気は絶

大です。

その理由は、女性たちを笑わせてくれるからです。

女性は、二人で話していて、楽しいのが一番です。ともかく自分を笑わせてくれる男性が、最高にステキなのです。

笑いが若さを保つ源泉であることを、よく知っているからです。

どんなにイケメンであろうと、自分本位のむずかしい話をするようでは、好きになりようがありません。

なぜなら、そんな男性は、自分をほめてくれないからです。

女性が「虫が好かないわ」と思う裏には「この男性は自分のことしか話さない」という不満があります。さらに「自分のことしかほめない」となると、女性には「無関係の男」としか映りません。

話していても面白くも、楽しくもないのです。

女性が男性との会話で欲しがるものは――

（1）笑える話を一層面白く
（2）常に自分と関係ある話を。関係なくても、それをつなげるように話す
（3）知っているとトクな話。女性の日常生活に密着した話

まずこの3点です。

男性と究極的に異なる点は、専門的な会議以外だったら、笑いと自分と関係ある話とトクさえあれば、それで十分ということです。

男性はすぐ話の中に、教訓を入れようとします。それを取り入れることで、社会的な自分を高めたり、存在を意識させるためです。

ところが女性は、社会性より身近な家庭性を欲しがります。中でも暮らしの面でのトクを望むのです。

それは女性という性が、社会より家庭を重要視しているからです。

どの立場の女性でも、男性より笑顔でいる時間は、圧倒的に多くなければなりません。

それはわが子でなくても、子どもたちに向けられるものです。

子どもたちは誰でも、母性性、女性性を欲しがります。そのために、女性はいつでも、柔らかい顔をしていなければなりません。

虫酸《むしず》の走るような顔をしていては、いけないのです。

そのことを知って、楽しげに話しましょう。

人脈につながるルール
37

一方的に話すだけでは、いい関係は築いていけない

話し方の常識38

数字の魔力を使うと親しくなれます

女性心理をよく知っている男性は、初対面でも会話の途中から、

「じゃあこれから二人で一緒に、おいしい店をさがそうか」

などといいます。

こういうと、女性はいそいそと席を立ちます。あたかも以前から親しかったかのようです。

それは「二人で一緒に」という言葉によって、暗示されたからです。

女性は結婚していてもいなくても、基本的に「守られたい」という欲求があります。

もちろんそれが、恋人であれば最高ですが、恋人でなくても「二人」とか「一緒に」といわれると、それが暗示となってしまうようです。

職場でも最後に、

「じゃあちょっと二人で、片づけて帰ろうか」

と同僚の男性からいわれると、一瞬、疑似恋人になったような錯覚に陥ります。

「いやよいやよも好きのうち」という言葉があります。口先ではいやがっていても、心の中では好きなこともあるので、もうひと押し押してみろ、という意味です。

私はこのとき、「184（いやよ）」を6回書き出して、それを女性に足してもらいます。「184」に6を掛けてもいいでしょう。

するとそこに「1104」という数字が出てきます。これは「いいわよ」と読めます。

これには女性も笑い出すでしょう。

女性は不思議大好き人間です。

女性とうまく話のできない人は、この数字にまつわるエピソードをいくつか用意しておくと、たちまち女性が寄ってきます。

たとえば「生没同日人間」がいます。誕生日に死亡した有名人が何人もいるのです。

女優のイングリッド・バーグマンは8月29日に生まれ、67年後の同日に死んでいます。映画監督の小津安二郎、俳優の船越英二もそうです。

坂本龍馬も11月15日に生まれ、同日に殺されたといわれます。もっとも異なる日に殺されたという説もありますが。

私は女性に、

「今年も誕生日を過ぎたので、あと1年間は元気だよ」

と話して不思議がられますが、そこで生没同日人間の話をすると、とても面白がられます。

女性は数字に弱いといわれます。たしかにその通りですが、それは単なる数学、計算、数字が苦手ということであって、数字にまつわる不思議な話は大好きです。

ここで彼女の誕生日を当てる方法を教えましょう。

彼女に一人で次の計算をしてもらいます。

（1）誕生月に4を掛ける
（2）その数字に9を足す
（3）その数字に25を掛ける
（4）その数字に誕生日の数字を足す

そして出てきた数字を教えてもらうのです。私の例でいえば「529」です。
その数字から、「225」を引くと、「304」になります。答えは「3月4日」。私の誕生日です。

人脈につながるルール38

「一緒に」という言葉が二人の距離を縮める

話し方の常識39

相手がイエスといいやすい質問を投げれば印象がよくなります

男性と女性では、当然のことながら性差があります。体重、身長、水分含有量《がんゆうりょう》、筋肉量などは、平均して男性のほうが上です。

一見すると女性のほうが水分が多そうですが、最近ではそうではありません。水分含有量が減っています。このため、女性のほうが水分を余計に摂《と》るのです。

以前はこれらの身体性差は、20％ほどの差があるといわれていましたが、スポーツの成績などを見るかぎり、その差は10％に縮まっています。

これを私は「2対3の法則」と名づけて、ビジネスに応用しています。

2対3とは男女の歩幅からきています。「男性が2歩で行くところを、女性は3歩で進む」というものです。

これは能力差ではありません。身長が違えば脚の長さも違い、歩幅も異なって当然です。

同じように、男性が2しゃべるところを、女性は4しゃべりたがります。

仕事の量にしても、身体能力を使うものは、男性が2日でできても、女性は4日かかるのでしょう。

すると2日間の経験より4日間の経験のほうが2日長いですから、それだけ報告の分量も多くなる理屈です。また4日間経験するため、丁寧に仕上げる習性があります。

目的地に到達するのも、男性が2時間しかかからなくても、女性は4時間かかるとすれば、経験談はふえてきます。

こう考えると、ふだんの会話でも会議の報告でも、男性が20分なら、女性は40分。つまり常に2倍の分量と時間を必要とする、と考えることです。

こう考えると、女性のおしゃべりが長いのも当然だと思えてきませんか？

逆に考えれば、それだけ女性が多くしゃべってくれるということは、正常だということなのです。

もう一つ、女性に好感を抱いてもらえる「ＹＥＳ話法」というものがあります。

たとえば——

「今日は特別暑いですね」

「ほんとですね」

「冷たいものでも飲みたいですね」

「ほんと。飲みたいですね」

「もう7時過ぎですから、生ビールでもいきましょうか」

「参りましょう」


こういう具合に、女性に「YES」といわせる話し方をつづけていくと、いつの間にか女性は「この人とは気が合いそう」という気になってくるのです。

おかしなもので「NO」という言葉がつづくようだと、女性はその時点で「この男性とはウマが合わないわ」と思ってしまいます。

一見すると、何回も「YES」といわせるのはむずかしそうですが、実際には、それほどむずかしくありません。
暑い、寒い、涼しいなど、季節感は誰でも同じです。
また、着ているものは誰でも好きな色彩ですから、
「ピンクがお似合いですが、明るい色がお好きなんですね」
といえば、必ず「YES」という答えになってきます。
こうして好感を抱いてもらえば、そのあとの交際は、うまくいくに決まっています。

人脈につながるルール39

女性のおしゃべりは一緒に楽しむ

話し方の常識 40

言葉を交わさなくても通じ合える話し方もあります

私の会社は、神楽坂を上がったところにあります。この神楽坂は都内有数の飲食街であり、商店街でもあります。

なかでも女性たちは、石畳の残る横丁が好きと見えて、毎日、大勢の観光客を含めて、女性群が歩いています。

ところが何十年もつづいている老舗《しにせ》もあれば、1年もたたないうちに閉店するところもあり、女性客の心理を読むのが上手な店と下手な店では、大きな差になってしまいます。

では女性客は、どういう心理で商品を買ったり、あるいは飲食店に入るのでしょうか？

接客やセールストーク次第で、女性客の心は揺れるのです。

（1）話題を欲しがって来る
（2）笑顔で歩ける街づくり
（3）損だけはしたくない
（4）所有欲を満足させたい
（5）おまけを欲しがる
（6）心を刺激する暗示を求める
（7）虚栄心を満足させたい

店側からすれば、女性客は神様です。この女性たちが1回だけではなく、毎日、毎週、毎月来てくれるようなら、店は安泰《あんたい》です。

それには商品のよさだけではなく、お店も、そこで働く従業員も、その上街の雰囲気も大切です。

神楽坂のように、都内でも有名な「坂の街」というイメージが定着しているところには、多くの客で毎日賑わいますが、無名の商店街や、なんとか有名にしようという街では、話題が第一でしょう。

大阪の阿倍野区に文《ふみ》の里商店街という古い商店街があります。

ここでは商店街のPRポスターをつくって、お客を呼ぼうということで、電通の若手クリエーターによりポスターが約200点つくられました。

スマホで見ればこの面白さがわかりますが、それは笑ってしまうようなネーミングと写真が満載です。

これは一例ですが、とくに女性客とは、言葉で会話しないでも、十分意思が通じるのです。

この商店街はポスターで女性客を笑わせ、話題を広げたのですが、現代の女性は以前と違って、単純にケチとはいいがたいところもあります。

むしろ話題を与えて虚無感を満足させ、損だけはさせなければいいのです。そのための会話といっていいでしょう。

最高の方法は、店や商品そのものより、店主を女性客に売り込むことです。

文の里商店街の漬物屋のポスターにもありますが、

「ポスター？　はよ作ってや。死ぬで。」

と、いい年の漬物屋の主人が、ぶっきらぼうにいっています。
このおやじを一目見ようと、女性客は殺到するでしょう。
こういう話法もあるのです。

人脈につながるルール 40

相手に損をさせない

話し方の常識41

男性は知らずしらずに自分上位の話し方をしているものです

2016年4月から「女性活躍推進法」が施行されました。これからの職場は、女性の力をこれまでより十分発揮させなくてはなりません。

この新法の精神は「女性を意思決定権のあるところにつける」ことが目標です。

ということは、女性の多い職場では、男性より女性のほうが、上位にいく可能性もあります。もう一歩進めれば、男性は女性を出世させなければなりません。男性のほうが上位という考えは、古くなってしまったのです。

その観点から見ると、これまでの男性の接し方、話し方は古いし、もしかすると女性陣から反発される可能性もあります。

ビジネスは男性のほうが得意、という考え方自体が間違っているからです。

とはいえ女性の多い職場では、男性の多い職場には少ない嫉妬やねたみ、悪口がある、と思わなければなりません。

そこで毎日、同じ人と話すのはやめるべきです。

その女性社員が嫉妬を買うからです。

また大声で話したり、笑ったりするのはやめましょう。女性の職場の声の大きさは、男性だけの職場より20％は確実に小さいし、静かです。

男性の管理職であれば、10年ほど前の古い言葉ですが、KYおじさんにならないことです。いや、管理職であれば「空気が読めない」なんて、いっていられません。目標は「２０３０」なのですから。

２０２０年までに、女性の指導的地位につく割合を30％にしなければならないのです。

男性の女性との会話の欠点は——

（1）どうしても男性上位の匂いがする

（2）どこかに女性に負けたくない感じが出る
（3）本当に大事なポイントを教えない
（4）女性の感情、感性を無視する
（5）心の底から信頼していない

こういう男性が多いのは事実です。

しかしこれでは、優秀な女性は、その職場を去ってしまうでしょう。

むしろこれからの男性たちは、女性の感性を大事にし、そのすばらしさを学ばなければなりません。

とくに生活産業に関わる企業の男性社員たちは、女性の実生活の巧みさを勉強するつもりで、教えを乞わなくてはなりません。

かえって女性たちに、いろいろ学んだ男性たちのほうが、将来、女性管理職によって、引き上げられるのではないでしょうか？

それこそ女性と親しく話ができないと、ビジネスは始まらないのです。

優しくて易しい表現――これだけ覚えておけば、女性とうまくコミュニケーションが取れると思います。

男性の多くは厳しくてむずかしい表現が好きですが、それでは2020年以後、反対に女性管理職から直されてしまうかもしれません。

人脈につながるルール
41

女性の感性を大切にする

話し方の常識42

「簡潔」「速攻」で、女性の心をつかまえましょう

20世紀の半ばに活躍したエルマー・ホイラーという経営アドバイザーがいます。

現在「ホイラーの法則」として、彼の商品の売り方5則が残っていますが、なかでも第一の法則は、とくに女性の心をくすぐる有名な方法です。

簡単に紹介すると――

（1）ステーキを売るな、シズルを売れ

（2）手紙を書くな　電報を打て

（3）花を添えて話せ

（4）「もしも」と聞くな「どちら」と聞け

(5) 吠え声に気をつけろ

「シズル」とは、お肉を焼いたり、天ぷらを揚げるときの、おいしそうなジュージューという音をいいます。

日本のかば焼きは、うちわで外に向けておいしそうな匂いを送っていますが、女性に対する話し方も、おいしそうな匂いがなければ、聞いてくれないでしょう。

いまは手紙を書く人は少なくなりましたが、かつては恋文、ラブレターが非常に流行した時期があったものです。

しかし女性を落とすときは、手紙より、電報のように素早く、短い言葉のほうが、効果的です。いまならネットの活用でしょう。

好きだという心の中を、一生懸命話すより、一言「好きだ!」といったほうが、女性を瞬間的に感激させるでしょう。

女性は自分が話すのは大好きですが、聞くのは、そう好きではありません。女性の心を動かすときは「簡潔で速攻」を心がけましょう。

ただ「誕生日おめでとう」というより、花束と一緒にその言葉をいったら、女性の喜びは倍加するでしょう。

なにも高価な花束でなくても、バラ1本でもいいのです。商売でいえば、これはオマケですが、恋愛でも、オマケが欲しいのが女心です。

それは贈り物の価値だけではなく、それを贈ろうと思いつき、買ってきてくれた、というところに感激するからです。

「もしも」と聞くより「どちら」と聞け、という意味は、女性は意外にストレートですよ、ということです。

「もしここで誘ったら、一緒に来てくれるかな」

などと恐る恐るラブホテルに誘ったら、内心は行きたくても、女性によっては「YES」といいにくいタイプもいるものです。

そんなときは、

「○○ホテルと××ホテルでは、どっちが好き?」

と訊け、というのです。これなら答えやすいし「じゃあ行こう」といいやすいでしょう。

人脈につながるルール42

オマケをつけることを忘れない

犬は吠え方で、いろいろなサインを出す、頭のいい動物です。

同じように、と犬と比べるのはよくありませんが、でも、女性も声質、声の大小、高低によって、微妙に気分を知らせます。

話の内容だけでなく、彼女の声の出し方に気をつけるといいでしょう。

話し方の常識43

女性客の心を熱くする「四つの刺激」を覚えておきましょう

女性の購買欲に、火をつける話法があります。ふつうの店は、およそ三つの言葉によって集客をしています。

一つは「いらっしゃい」という出迎え言葉。
二つは「お安いですよ」というサービス言葉。
三つは「間もなく売り切れですよ」という客に決断を迫る言葉です。

言葉のニュアンスは違っても、ほとんどはこの三つの話法でしょう。
ところが最近は大分違ってきました。女性客を迎える「いらっしゃい」をいわない店がふえてきたのです。

むしろ即座に「限定2枚だけ」という誘い言葉が飛び出す店もありますし、なかには「私好みのお客さんにしか売らないよ」と、客を限定するような言葉を出す店もあります。

これはインセンティブ（刺激）商法を応用した話法です。

とくに若者層と女性客の心を熱くする「赤」「明るさ」「大きな声」「笑い」がそれですが、この四つの刺激を、すべてでなくてもいいので、巧みに使うといいでしょう。

それこそ初めてのデートでは、静かな場所に連れて行くより、大勢が集う場所、大音響に包まれる場所、赤の色が彩られている場所、暗いより明るい場所に連れて行くことです。

こういう場所では、女性も大きな声になります。大声で話すと、恥ずかしさが消えるものです。

静かな場所では、手を握るのもドキドキしますが、それこそ花火大会やディスコ、夜祭りでは、恥ずかしさもしとやかさも、かなぐり捨てるでしょう。

いわば、そういうつき合い方が最初からできれば、人対人、店対人の関係も、一挙に熱くなっていくのです。

「女性と話ができない」という男性は、その女性を、真正面から見つめている感じです。美しいスタイルや上品な顔を見ていては、たしかに誰でも、声をかけにくいものです。しかしそんな美しい女性でも、サッカーやラグビーの試合場に行ったら、ふだんとはまったく違った熱い顔になるのです。

女性と話すのが上手な男性は、その女性が崩れやすい場所に連れて行くのが、巧みなだけです。

□ どんな話をしたら、刺激を受けるのか？
□ どんな場所に行ったら、興奮するのか？
□ どうしたら、心の内面が出てくるのか？

この3点をじっくり考えれば、どんな女性の心でも崩せるでしょう。

崩す方法の一つとして、女性に受けている村上春樹、五木寛之、伊集院静の3人の作家の作品タイトルを学ぶといいでしょう。

ここには書き切れませんので、ご自分で調べてみると面白いと思います。
これをもっと具体的に現代的にしたのが、秋元康などの歌詞です。

「チョコレート 口移しして
いつものキスじゃつまんないよ
強引にねじ込んで…
チョコレート 舌で溶かして
あなたの愛を舐めたいの」（AKB48「口移しのチョコレート」秋元康 作詞）

「チョットでいいから見せてくれないか
お前のセクシー・フェロモンで オレ メロメロ
Ah ふれちゃいそう でも イケナイの！
徐々に高なる鼓動 止められないわ」
（ORANGE RANGE「イケナイ太陽」ORANGE RANGE 作詞）

刺激的な言葉が並んでいます。

女性を誘うような言葉は避けなければいけないと考える人もいるかもしれませんが、お互いにいい感情をもっている場合には、女性も、一歩踏み込んだ状況を待っているということもあります。

そんな女心に敏感になるということも、女性との対話の中では大切なことです。

人脈につながるルール
43

ときには刺激的な表現を使って相手の心を揺さぶる

話し方の常識44

ウソをつくなら、ウソつきの天才に徹しなさい

私の女性学の師匠は、北原武夫という恋愛小説の作家でした。この人の名前は知らなくても、作家の宇野千代の夫だったといえば、少しはこの男の立場がわかるのではないでしょうか？

北原先生はある朝、かばん一つをもって、家を出て、そのまま戻りませんでした。その朝、その姿を見送った妻の宇野千代も「この人はもうここには戻ってこない」と直感でそう思ったのですから、二人とも男女論の達人といえるかもしれません。

こうして北原先生は青山のマンションにいることになったのですが、そこには若い女性がいました。

この家にまだ30代だった私は呼ばれて、女性に関するさまざまな話を教わるようになったのです。

このとき教えられた女性学を一言でいうならば「8ヵ条」にしぼり込むことができます。

第1条　男はウソつきの天才であれ
第2条　忍耐強くあれ
第3条　裏切られても笑っていよ
第4条　努力を重ねよ
第5条　どんなときでも優しくあれ
第6条　キザな男であれ
第7条　偏食をするな
第8条　手の使い方を巧みになれ

「男性はどんなに誠実で正直であっても、どこかでウソをつかなくてはならないものだ。そうだとしたら、ウソの天才になることが、女性に誠実であることにならないか？」

と、ウソのつき方を教えてくれたのです。

このとき私が「なるほど！」と思ったのは、ウソを信じてもらいたいときは「数字を入れなさい」という一言でした。

「明日電話するね」

「明日夜8時頃、電話するからね」

「明日夜8時15分に電話するよ」

この三つの中でもっとも信頼性の高いものはどれか？

北原先生は「8時15分」だといいます。私もそう思います。

「明日電話するね」といって、しなかったら「どうせ、あの人はそんなものね」と、人間性まで疑われてしまうでしょう。

ところが「8時15分」といって、しなかったら、彼女は「よほどの用事があって、電話できなかったのだわ」と、かえってよく思ってくれることすらあるのです。

女性には「自分がつき合った男は最低だった」と思わせてはいけない、と北原先生はいいます。それでは、その女性自身のレベルを落とすことになってしまうからです。

そういえば、北原先生と別れた宇野千代先生は、そのあとも北原先生を「いい男だった」といっています。

この話術を身につけてはどうでしょうか？

念のため「偏食をするな」とは、女性のつくってくれた料理なら、なんでも「おいしい」と食べるのが礼儀なのだ、ということです。

女性の前で好き嫌いは絶対いわない男こそ、真の紳士なのです。

私は北原先生に女性学を学んだことを、いまでも誇りに思っています。

人脈につながるルール44

つき合った相手には最高の思い出を残す

話し方の常識 45

女性と話すには根気と優しさが必要です

男性が女性と上手に話すのは、相当大変です。というのも、すべてが互いに逆なので、最初から食い違ったまま、話さざるをえないからです。

基本的にいうと、男性は社会的な話題を好みますが、女性は家庭的、あるいは自分の話のほうが重大です。その上、男性の1日の会話量は約1万語といわれますが、女性はその2倍の2万語を話したがるといわれます。

さらに男性は職場で、相当量の会話をこなしているので、家に帰ったら、できるだけ会話を少なくしたいのです。

ところが女性は夫の帰宅を待っていたので、速射砲のように話を浴びせかけます。

ここで互いにイラ立つことになります。とくに女性は、

「あなたは家庭のことを、何も聞いてくれない」

と、怒り出すのです。

これは家庭の中の問題ですが、職場でも似たようなことが起こります。

「社会的」という意味は、個人の好き嫌いを通り越して、それがいいのか悪いのか、という大局感を表します。

ところが女性は職場にいても、社会性より個人性のほうが前に飛び出してしまいます。

「あの部長は優秀だけど、私は嫌い」

となってしまうのです。

男たちはその部長が優秀であれば、個人の好き嫌いはあと回しにできますが、女性は小さい頃から好き嫌いを優先してきたので、なかなか割り切れません。

この男女の相違は、会話にも出てきます。職場の嫌いな男性は、地位に関係なく、女性は遠去ける習性があるからです。

また女性の記憶力は、男のそれをぐんと上回ります。これが会話にも出てきます。

「この前もそうだったけど、その前も、その前もそうだった」

と、自分が嫌いになった理由が、いくらでも出てきます。また個人性が優先されるので、話が長引くことが多いのです。もし女性とじっくり話したければ、相手のいいたいことを、とことん聞くつもりになって、ゆっくり話し合うといいでしょう。

女性は自分のいいたいことを、真剣に聞いてくれる人を信頼します。ほとんどの男性は、適当な相づちでごまかすだけだからです。

女性は、実行を強く求めているわけではありません。その点、実に気が長い。赤ちゃんを10ヵ月も胎内で育てられる習性からしても、女性は待つ力が強いのです。

彼女たちが嫌う男たちの話し方は、早く終わらせようと、

「わかった、わかった」

と、口先だけで受け答えをするタイプです。

このタイプの男性を、女性は長く記憶しているので、1回でも嫌われないことです。

人脈につながるルール 45

相手のいいたいことは、とことん聞く

第5章

人脈につながる「朝礼、式辞、挨拶」

話し方の常識46

挨拶をすることになってからネタを探すのでは遅すぎます

話の上手下手を決めるものは、話の材料に尽きる、といってもいいくらいです。材料なしに話すことは、名人でもつらいものです。

そこで朝礼や、外に出かけたときの挨拶用に、なるべくエピソードを用意しておくと便利です。エピソードとは小さな挿話で、アメリカでは1行ですむ話という意味で、ワンライナーとも呼ばれます。

アメリカの大統領は、世界でスピーチが一番多い職業だといわれます。そこで歴代大統領には、このワンライナー作者がいつも一緒にいて、話材を提供しています。

このワンライナー作者の腕によって、当選させることもできるというのですから、話材は大切です。ではエピソードをどうやって集めるかというと、たとえばここに日本経済新聞の記事があります。

戦国時代の藤堂高虎は「戦疵《いくさきず》が百になるまでに大名になる」との誓いを立てて、言葉通りに、いまの三重県津市の津藩32万石のお殿さまに登りつめた。

若き日の無銭飲食を許してくれた餅屋のあるじの恩を忘れまいと旗印に白い餅を描いたが、そこに「城持ち」(白餅)との意味も込めていたそうだ——となっています。

この話からの教訓として、

(1) 失敗が100になるまでに経営者になる
(2) 誰にでもいる恩人を忘れない心
(3) かりに飲食店経営者に話すときであれば、将来性のある若者にサービスする

といった具合にアレンジする方法もあります。古い話だから使えない、ということではなく、そのエッセンスをうまくつかめば、いまでも使えるエピソードになります。

ネットにも出ていますが、「居酒屋のおにぎりがまったく売れなかった。仕方なくバイトの

女の子の名前をとって〝かなちゃんが握った真心おにぎり〟としたら、飛ぶように売れた」という話があります。

こういうエピソードは笑いを誘うだけでなく、実際に使えそうですから、必ずウケるでしょう。それも居酒屋だけでなく、どの仕事にも応用できる話材です。

あるいはまた、学のあるところを見せて、

「初代総理大臣の伊藤博文は女遊びをしすぎて、破産。首相の家がないのはヤバイということで、最初の首相公邸ができた」

これなどは、いまと昔の政治家では大違い、という点でも笑えますし、考えさせられます。

エピソードは、どこでも通用するわけではありません。この話を女性の集まる会でしたら、即刻退場させられるでしょう。

それだけに、さまざまな場面で使える話を、なるべくたくさん集めておくことです。

人脈につながるルール46

将来性のある若者にサービスする

話し方の常識47

名言を盛り込むのは中年以上になってからと心得ましょう

朝礼ネタや式辞は、意外にむずかしいものです。とくに朝礼は毎朝する職場もあり、話すほうも聴くほうも、くたびれ気味です。

しかし朝礼はしなくてはなりませんし、その価値は十分あります。

近頃の新しい企業では、従業員が毎日、順ぐりに交代して話すところもあり、これがむしろ好評です。

ではなぜ朝礼や総会のときの挨拶は、面白くないのでしょうか？

その多くはむやみに名言を引いて、教育、教訓的な話に仕立ててしまうからです。

しかしこの名言は、聴き手が「その通りだ」と、腑に落ちなければなりません。

学卒の新入社員への初の朝礼で、ドラッカーの「昨日を捨てよ」という言葉を出せば最高ですが、高齢者にこの言葉をいったところで、これらの社員には、明日がないのですから、バカバカしい挨拶になってしまいます。

女性従業員の多い職場で「打たないシュートは100％外れる」といったら「意味わかんない」と笑われるでしょう。

基本的には、若い人たちに上司自身が感動する名言をいっても、ピンときません。なぜならその言葉を実際に理解できる経験や体験を、まだ積んでいないからです。

名言が本当に理解できる人は、失敗経験や成功体験をもっている人たちです。

それらの人は中年以上に多く、大きくうなずくだけでなく、さっそくメモを取るかもしれません。これらの人たちは、その名言を覚えておいて、次に自分が話す際のヒントにするつもりがあるからです。

この名言を調べてみると、日本人の言葉と中国古典、欧米人の名言の三つに分かれます。

この中の中国のことわざや金言は、中高年の男たちでないと、理解できません。

女性や若い男たちでは、そこまでの理解はむずかしいでしょう。

故きをたずねて新しきを知る――「温故知新《おんこちしん》」といっても、誰一人わからない危険性もあります。

若い人、女性の多い職場では、こんな名言を上司がしゃべるより、従業員の一人ひとりに昨日までの体験談を話させるほうが、気が利いています。

つっかえつっかえ話しても、その一生懸命さが仲間に伝わります。まして昨日の体験は、ほかの従業員の心に響くでしょう。

いまこの社員朝礼は全国的に広がっていますが、それだけでなく、いろいろな会合で、若手を起用する企業がふえつつあります。司会を1回体験させると、仕事のレベルがぐんと上がるといわれますが、それは大勢の人たちに注目されるからです。

あなたにも注目される機会があったら、手を挙げてでもやらせてもらいましょう。

人脈につながるルール 47

人前で話す機会をもつ体験は多ければ多いほどいい

話し方の常識48

式辞、挨拶の基本は、聴き手をあきさせないことです

式辞といっても立場によって話す内容は、大きく異なります。ただ、どういう席であっても、5分以内で終えるのが礼儀でしょう。

というのは「式次第」を見ればわかる通り、どの会合でも盛り沢山がふつうです。それを自分一人の話で、10分も20分もとってしまっては、司会者を困らせるだけでなく、聴き手をあきさせてしまいます。

ましてその席に忙しそうな経営者や、時間で働いているマスコミ、芸能界の人がいたら、どんなに面白い話をしても、喜ばれることはありません。

一般論としては、5分以内がマナーですが、その席での社会的な地位によって長くしたり短くするのが常識です。

話が聴衆に受けているからといって、目上の人がいるのに、その時間を削ってしまったら、完全なマナー違反となり、その後うまくつき合っていただけなくなります。

では5分間で、どのくらい話せるものでしょうか？　1200字から、多くて1500字くらいです。

400字詰め原稿用紙なら、3～4枚というところでしょうか。

式辞や挨拶に慣れるには、自分の話すスピードを身につけることが大事です。一番いい方法は、テレビのアナウンサーや司会者で、自分の胸に快く響く人を見つけることです。

その人の話すスピードを真似するといいでしょう。

そこで原稿用紙に書いたものを読んで、1分間に何百字話せるかを、しっかり身につけましょう。

念のためにいうと、1分間300字から400字が、人の耳に快いスピードだといわれています。

自分の1分間の語数がしっかりわかったところで、話の内容を組み立てます。

（1）冒頭の挨拶に約1分〜1分30秒
主催者や参加者への感謝、時候の挨拶など。

（2）本語、本体に約2分30秒〜3分
会合や式の趣旨を中心に、感想、挿話、比喩《ひゆ》など。参加者の年齢や職業などに合わせた話をする。

（3）結びに約1分
この結びには、希望、激励、祈り、覚悟などを述べて終わります。


ざっと、こんな時間の使い方を考えます。

ここで大切なことは、

「私は只今ご紹介にあずかりました○○でございます」

といった調子でスタートする人に、うまい人はいないということです。なぜなら、すでに司会者が指名したときに、必ず紹介してくれているからです。

同じように、

「はなはだ簡単ではございますが、これで私の挨拶といたします」

これも不要。10分以上話すときは、いってもいいですが、このときは「挨拶に代えさせていただきます」という表現もあります。

挨拶をしながら、挨拶に「代えさせていただく」とは、ちょっと不自然に思うでしょうが、本来挨拶とは、言葉だけでなく、顔の表情や動作でも表すものです。

そこでこの場では「(言葉だけの)挨拶に代えさせていただく」となるのです。

念のためにいえば「私のご挨拶とさせていただきます」は間違いです。

「ご挨拶」は謙譲語ではありません。

人脈につながるルール 48

自分の話すスピードを身につける

話し方の常識 49

挨拶では「喜怒哀楽」の「怒」は省くことが賢明です

感情表現には「喜・怒・哀・楽」の4種類があります。

式辞や挨拶は、その会の主旨に則《のっと》って話すものです。

一般的には「怒りの決起大会」は、あまり多くありません。もちろん労働組合や学生運動などにはありますが、これは特殊な場合なので、ここからは外しましょう。

そうなると感情は「喜・哀・楽」の3種類になります。1種類でも少なくなると、話しやすくなりませんか?

この感情表現には2種類あります。

一つは喜・哀・楽の感情を盛り上げたまま、最後まで話し終える方法です。

「今日だけは、この喜びを爆発させたまま、1日中舞ったり踊ったりしていいではありませんか！」

こういう話法です。実はもう一つ、喜・哀・楽の感情を盛り上げたあと、戒《いまし》めを入れる話法があります。

「哀しみは哀しみとして心の中にしまい、明日からは、それを乗り越えて進んでいこうではありませんか」

これは喜・楽の場合でも同じです。

一般論でいうと、後者はその集まりの中での年輩者の話し方で、その会の一種の締めの挨拶となります。

最初のうちに話す順番であったり、その会の中で若輩だな、と思ったときは、こういうもっともらしい結末は、つけないほうがマナーです。

私が「うまいな」と思う人に、さかなクンがいます。いまは芸能人ではなく、魚類学者のほうが優先する立場ですが、実に楽しそうに話します。

さかなクンの場合は、いかにもはずんだ声で話すのが特徴で、それに身ぶり手ぶりが加わります。これを真似できれば、あなたはどの会合でも、挨拶を求められるでしょう。

私たちの声は高齢者でも、1オクターブは出ます。歌うときには、もっと出るでしょう。この音域を生かして、喜と楽の場合はやや高く、哀の際はやや低くすると、それだけでもうまく聞こえます。

ただし哀しみを訴えようとするあまり、声を低めるだけでなく、小さくする人がいますが、これだと会場全体に聞こえなくなることもあり、不適当です。

ここで念のためにいえば、故事、名句を使うときは、誰でも知っていそうなものにすること。かりに中国のことわざでいえば「百聞は一見に如《し》かず」とか「言うは易《やす》く、行うは難《かた》し」くらいまでは使えても「刎頸《ふんけい》の交わり」とか「人間万事塞翁《さいおう》が馬」などは難解すぎて使えません。「学があるふりして」と、嫌われるのがオチです。

人脈につながるルール
49

はずんだ声で話す人には好感が集まる

話し方の常識 50

挨拶は短編小説のようにストーリーを語れる人になりなさい

挨拶はいろいろなケースがありますが、毎朝、数分の挨拶をしなければならない立場に立つと、似たような話ではあきられてしまいます。

あきられるくらいならまだしも、この上司は大したことないと軽く見られては、業務にも差し支えてしまいます。

そんなときは、朝礼の趣旨に合った逸話やエピソード、あるいは自分の経験談をもってくると、その面白さでよく聞いてもらえます。

このときは、けっして自慢話にならないようにしなければなりません。それ以上に朝の挨拶ですから、暗い話や叱咤激励調のものはやめておくこと。

私は昔から、成功する運命学的な話をたくさん集めています。

それを時季に合わせて話すのですが、これだと全員に合わせせられるので、うまくいった体験をもっています。

たとえば――

「長い目で見て、朝食をきちんと毎朝食べている人のほうが成功する」

「日光浴だけでなく、月光浴もしてみよう。今月の満月は○日です。この満月の光を体内に入れるだけでなく、月の出ない新月（○日）の気もすばらしい。体内に神々《こうごう》しい運気を取り入れよう」

「幸運な人には、焼けた鴨肉が口に飛び込んでくる、ということわざがある。グラブをもって外野席で野球を見ていたら、ホームランボールがキャッチできたという人もいる。幸運をゲットするには、口もグラブも心も広げて待つ、という事前の用意が必要だ」

「男でも女でも、柔らかく握手する人は優柔不断が多く、きつく握る人はがん固で気が強いといわれる。握手するだけで相手の情報を引き出せるだけでなく、握手上手は自分の運も上げる」

これらの小話は、どんな人の胸にも響くものです。それと同時に、自分だけでなく、友人や家族、あるいは職場の仲間に、こういう人がいないか、つい思い浮かべてしまうでしょう。つまり、誰もが一篇の短篇小説のような場面を想像するものです。

こういう挨拶をすると、男性より女性のほうが真剣に聞くかもしれません。

朝礼の挨拶というと、その日役に立つ訓示をしなければならない、と思う人が多いはずです。とくに若い課長や店長は、一生懸命、仕事に直接結びつく話を毎朝、探してきますが、それだけでは、肩が凝ってしまいます。

大事なことは、部下から慕われる上司であることです。

もちろんすぐれた上司であれば最高でしょうが、それより楽しい上司、明るく親しみのある人間であるほうが、どんな人にでも慕われるはずです。

人脈につながるルール 50

厳しいだけの訓示では人はついてこない

話し方の常識 51

自己紹介する場合のバージョンをいくつか用意しておきましょう

名刺をもっている人は、それを出せばいいようなものですが、実はそう簡単ではありません。有名企業なら説明抜きでわかりますが、多くの人は、説明しなければわからない社名や業務が印刷された名刺を差し出すからです。

さらにパーティーや会合で、「自己紹介していただきましょう」と司会者に呼ばれると、ドギマギして、短すぎたり、長ったらしくなる人も少なくありません。

自己紹介は、いつどこで求められるかわからないので、ふだんから練習しておくといいでしょう。

会社の名前を先に出すのか、職業や職種を出すのか、それとも名前や出身地を覚えてもらうのか、その辺を決めておくと、あわてないで済みます。

大局的にいうと、東京や大阪などの大都市の会合では、企業名や職業を優先し、地方では、出身地や個人の仕事から話し出すほうがいいでしょう。

この場合、紋切り型ですが、

「私は○○会社で総務課長をいたしております○○○と申します。どうぞお見知りおきを願います」

「○○○と申します。岡山県○○市の丘の上で生まれました。船を見て育ちましたので、現在船乗りをしております」

こういう自己紹介が成り立ちます。

しかし会合の種類によっては、もっとくだけた挨拶が必要になることもあります。

そのときのために、ユーモラスな笑いを誘う自己紹介も用意しておいたほうがいいでしょう。

私の場合でいえば――

「櫻井秀勲と申します。女性誌の編集長を長らくしておりましたので、いつも女性に食わせてもらってきました」

「櫻井秀勲と申します。60年間人相を観てきたので、皆さんが女にモテる顔かどうか、この席上からもう、わかっております」

ちょっと酒の入った席では、こんな話し方をしますが、このほうが笑いがとれて、座の空気も和やかになるものです。

また、司会者がいて紹介を受けた際は、えらそうな姿勢をしないこと。軽くおなかの前で両手の先を握ったポーズが最高です。

つつましやかで、これなら年輩者の多い会でも、好感をもたれるでしょう。

人脈につながるルール51

年輩者が多い会合では、えらそうな姿勢はしない

話し方の常識 52

テーブルスピーチは、ともかく笑わせることが大切です

以前はテーブルスピーチといえば、結婚式のときしかなかったものですが、最近はさまざまな食事会があるので、テーブルスピーチの機会もふえてきました。

テーブルスピーチは言葉通り、食卓で立ち上がってするものであり、それも主賓に向かって話すために、自分のお尻をお客に向けざるをえない場合も出てきます。

そういう人たちもいることを考えると、3分間スピーチで切り上げなければなりませんし、それもむずかしい顔をされるのではなく、笑ってもらうことが必要です。

3分間スピーチのコツは――

（1）過去の話題、経験、成功と失敗

（2）現在の話題、経験、成功と失敗
（3）将来の話題、経験、成功と失敗

この過去、現在、未来を組み合わせると、比較的話しやすくなります。もっと具体的にわかりやすくいうと、

（1）以前、私は婚活で失敗した
（2）今日の花婿に恋人ができたというので、負けずに挑戦したら、昨日またフラれた
（3）なんとか今年中に結婚したいので、今日ご出席の独身女性の皆様に、2次会でぜひ声をかけていただきたい

――かりにこういうスピーチを、披露宴で花婿の友人がしたら、大ウケでしょう。恐らく爆笑の渦で、2次会で人気者になるかもしれません。

これは過去、現在、未来を組み合わせたショートストーリーです。この形を使えば、いろい

ろな話ができるはずです。

ただここで重要なのは、自分を笑いのネタにすることです。自分をかっこよく見せる人にかぎって、話下手だし、好感をもたれません。

また、自分の話ではなく、ユーモア話を探して、披露する方法もあります。私は古い本から探し出して、実際に使うこともあります。


暴君ネロの時代には、ローマの円形競技場で、奴隷とライオンを闘わせて見物するという残酷なショーがありました。

ところがある日入ってきた奴隷は、襲いかかってきたライオンに何かいったかと思うと、ライオンはたちまち尾を垂れて引き下がりました。

そこで別のライオンを入れたのですが、これも奴隷に何かいわれると、すごすごと引き下がったのです。

何頭入れても同じなので、とうとう王様の前に呼び出されて『いったい何を話したのか』と訊かれました。

奴隷はこう答えたそうです。

「ライオン君、きみは私というご馳走を食べたあとで、テーブルスピーチをさせられるけど、それでもいいかい、っていっただけです」

これなどは少しレベルの高い席で話すと、大変な人気です。

誰でもテーブルスピーチを終えるまで、食事がのどを通らないものです。ライオンもそうだったのでしょうか？

人脈につながるルール52

過去、現在、将来の話を組み合わせると話しやすくなる

話し方の常識 53

教訓的な話は、できるだけ避けるようにしましょう

なぜ教訓的な話はよくないのでしょうか？

それは教訓を得た話が、誰にでも通用する一般的なものでないことが多いからです。

さらに教訓的な話は、教師の立場から生徒に伝えるものだけに、道徳的な内容のものが多いものです。

また話し手がエラそうに結論づけることも、イヤがられるのではないでしょうか？

とくに男性は何かを記憶するとき「教訓」として覚える習性があります。

多くの諺や金言は、男性の得意とするところです。

たとえば「去る者は日々に疎《うと》し」ということわざがあります。

卒業してしまうと、先生に年賀状も送らなくなり、そのうち先生も生徒も、互いに名前も顔

も忘れてしまいます。

かりにこのことわざを送別会で使うこともできます。

「そうならないよう、いつまでも同じ仲間として、つき合っていこうではありませんか」

一見すると、とてもよさそうに思えますが、これは教訓調で、あまり喜ばれません。できそうで、意外にむずかしいからです。

辞めていくからには、もっと待遇のいいところを見つけたか、あるいはいまの職場に不満があるからでしょう。

これが女性の結婚退職であれば、こんなことわざを使うほうが、女性社員たちから嫌われるのがオチです。

教訓調の話は、一見もっともらしく聴こえて、かっこよさげですが、実が伴いません。

また中年以上の管理職になると、戦略とか戦術という言葉を使いがちです。

しかし戦略と戦術がどう違うのか、どちらが大きくて、どちらが小さいのかを知っている人は、ほとんどいません。

野球やサッカーをやった人なら、ある程度はわかりますが、一般的には女性は当然として、中年男性でもわかりません。

念のためにいえば、戦略とは戦争を遂行する計画と手段であり、戦術は具体的な戦いに勝つ手段です。

これを経営に結びつけるならば——

☆戦略　組織的に将来を見通した方策や、目的達成のためのシナリオ
☆戦術　目標をあらかじめ決めた月日までに達成する、具体的な計画と手段

こうなります。

これはなかなか高度な内容になりますので、経営戦略会議などでの挨拶となります。

専門的な挨拶や式辞では、ここまで踏み込むべきですが、一般的な挨拶や式辞では、少し笑いを入れたほうが喜ばれます。

できれば、上手な人の話し方を思い出してみましょう。

それほど悪い挨拶ではないはずです。
問題は聴き手の地位と年齢と性別です。
そこをしっかり見きわめて、やや軽く話すほうが評判はよくなります。

人脈につながるルール 53

そこにいる誰にでも伝わる話を選択する

話し方の常識54

新築、開業、懇親会などで、使ってはいけない言葉があります

新築落成、新築マンション移転、あるいは新しい店舗の開業祝いに出席しなければならないことがあります。

かりに現在、そんな祝いとは無縁でも、いつ駆けつけなければならなくなるか、仕事や運命は変わりやすいものだけに、知っておいてソンはありません。

まず言葉を知っておきましょう。

昔から新築には「火」という言葉が禁物とされ、開店、開業祝いには「九」の字を忌《い》むのがふつうです。

九は苦に通じるからです。

堅苦しい業種や主人の性格によっては、燃、倒、破、崩という文字の入る言葉をイヤがるほ

どで、非常に厄介です。

招待会、懇親会での挨拶は短くまとめるのがマナーです。

こういう席での挨拶は、一人だけということはまずありません。

数人の挨拶と決まっており、その上お酒が用意されているはずです。

そんなときに長い挨拶をしたら、それだけでイヤがられることでしょう。

挨拶は個人の技術、と思うかもしれませんが、そうではないのです。

技術ではなく、その人の人格であり、レベルでもあります。

その挨拶の仕方と内容によって、その人だけではなく、勤めている会社の品位まで落とす危険性があります。

その意味で、ちょっとした会の挨拶でも、前もって用意しておくと、非常に評価が高くなります。

私の経験では「突然のご指名で」という人にかぎって、挨拶上手の人はいません。挨拶上手な人は、そういう古い前置きはカットして、すぐ本題に入るものです。

それに常に2種類の話題を用意しています。

これは私の失敗談になりますが、ある結婚式に出席したとき、予想が外れて、遠い地方からの高齢の縁戚ばかりの集まった披露宴でした。

この席で仕事の話をしたのですが、ほとんど聴いてくれている状況ではありませんでした。

このときほど、綾小路きみまろの話術を勉強しておくのだった、と後悔したことはありません。

綾小路きみまろのライブは、中高年の観客で、いつも満員御礼だそうですが、彼の語りは、「中高年」の現実を鋭く突きながら、あくまでも、優しいのです。それだからこそ、全国のどの会場でも、観客の心をつかんで離さないのでしょう。

それはともかく、どういう出席者が大勢いるのかを、前もって調べておければいいのですが、そうもいかないこともあります。

そんなときは、硬軟《こうなん》2種類の話し方を用意しておくと便利です。

私は結婚披露宴での失敗に懲りて、それ以後は、2種類用意することにしました。

これは披露宴だけでなく、どんな場での挨拶にも通用します。それだけでなく、安心して会場に向かえます。

もちろん挨拶の場があるとはかぎりません。
しかし前もって「挨拶をよろしく」といわれる会は、少ないはずです。
それだけに、常に挨拶を用意しておくと、どんな席でも安心して料理が食べられます。

人脈につながるルール
54

突然のご指名にも、いつでも応えられる準備をしておく

話し方の常識55

司会者になったら、この9カ条を頭に入れておきましょう

どんな人でも、何回かは司会の役目を頼まれたことが、あるのではありませんか？うまくいく人もいるでしょうが、司会は意外にむずかしく、悩んでしまった人もいるのでは？というのも、テレビを見ていてもわかりますが、司会者によって、その番組が面白くもなるし、つまらなくなるからです。

会社が行う会合には、基本的に2種類あります。社内の会合と社外の人を集めた会合です。社内の会議などの司会でも、社長以下役員の出席している会であれば、それは非常にむずかしいものです。

さらにむずかしいのは、社外のお客さまを迎えてのパーティーや講演会などの司会役で、最終的に、全員を満足させてお帰り願わなければなりません。

社内会議では、いかに公平に発言するかが重要になりますし、パーティーなどでは、出席者を笑わせる当意即妙な受け応えができないと、つまらない会合になってしまいます。

そこで司会役はまず——

(1)会合の主題、目的をはっきり知って、最後までブレない
(2)出席者の職業の種類と地位、知識水準のレベルなどを、あらかじめ頭に入れておく
(3)講師を頼むときは、略歴や思想傾向、理論的か笑わせるタイプかまで調べておく
(4)会場の構造、採光、照明、冷暖房などに注意して、講師や聴き手に、不快な気分を起こさせない
(5)司会者は、話し手の脇役であることに徹し、補助役であることを忘れない
(6)司会者は常に同じ場所から、会合をリードする。絶対、会場を出たり入ったりしない。そのために大きな会では、陰で動く連絡係を置いておく
(7)ときには、ダレた空気を、司会者のユーモアにより、気分を一新させる
(8)ときには、ヤジや妨害の起こるような会もあるだけに、前もってそのことを、周りの人

に知らせる準備が必要になる

（9）司会者とは、主催者側の人間であるが、聴き手の立場に立たなければならない。講師のことばかり考えては、つまらない会になってしまう。

――こういった9ヵ条は、どんな場合でも、司会者の心得となるだけに、あらかじめ頭に入れておきましょう。

企業や職場では、年に何度となく、この種の会議やパーティーが行われます。私のこれまでの経験では、この司会役をしっかりこなせる社員は、必ず出世していきます。

それは経営幹部と一般社員の間に立って、双方とも満足させられる能力をもっているからです。司会役をいやがる人もいますが、それでは周囲から認められないでしょう。自分から進んで、司会役をつとめさせてもらいましょう。

人脈につながるルール55

司会役をしっかりこなせる人は必ず出世していく

おわりに

話し方が変われば一段上の自分になれる

一口に「話し方」といいますが、話をする側と話を聴く側に分かれます。このうちどちらがむずかしいかといいますと、話を聴く側なのです。

話をする側は、これから話す内容を知っていますが、聴く側はどんな話が飛び出てくるか、まったくわかりません。

もしかすると、むずかしい話かもしれませんし、つまらない話かもしれません。それにどう対応するかで、相手はこちらの器量を量ることになるのです。

もちろん、こちらも相手のレベルを知ることになり「この人なら、ぜひとも長いおつき合いをしたい」という欲望に駆られることも多いものです。

ところが中には「二度と会わなくてもいいかな」と思うほど、レベルの低い人もいることでしょう。

しかしここが重要な点ですが、よく会う相手のレベルは、こちらのレベルとほぼ同等だ、ということです。

自分の投影が、目の前の相手であることが多いのです。

自分のレベルが、ほぼ同等のレベルの相手を呼んでしまっているからです。酒飲みが、同じ酒飲み相手を誘うのに似ています。

「社会に出たら、学生時代の友人とは会うな」という言葉があります。

これは同じレベルの仲間と会っていたら、いつまでたってもレベルが上がらないぞ、ということです。

これは学生時代の仲間にかぎらず、職場の同僚でも同じことです。かりに同僚や後輩と一緒に飲みに行ったら、会社や上司の悪口が出るのではありませんか？

これでは自分のレベルが下がるだけです。

レベルを上げるには、話し方も、話す内容も、話の聴き方も、クロージングも、すべて変わらなければなりません。

簡単にいえば「おれ、わたし」が使えない相手とつき合わなければ、一段上の自分にはなれないのです。

「ぼく、わたくし」という一人称を使わなければならないような相手と、会話を交わす機会をふやすことが大事、ということでしょう。

そのためには、1対1の会話ではなく、1対多数の会話をふやしていきましょう。

多数の中には異世代もいれば、異業種の人もいます。異性もいるでしょうし、異人種もいるはずです。

何より恐ろしいのは異知識、異教養、異文化の人々が、こちらの話をじっと聴くことです。こちらの薄っぺらな知識が、いっぺんにバレてしまう恐ろしさがあります。

それを防ぐには、どういう方とでも話し合える経験をもたなければなりません。

それも、できるだけ若い頃からが望ましいのです。

司会役や進行役のチャンスがあったら、けっして逃げないで、積極的に引き受けましょう。それだけで、多くの人たちと談笑できる自信が生まれます。

人脈とは山脈に似ています。

山脈は高い山低い山、なだらかな山険しい山で連なっています。

人脈も同じであって、それらの高低さまざまな方々とおつき合いすることで、自分自身の力もついていくのです。

どんな人脈の中に入っても、けっして劣《おと》らない会話ができるように、今日からスタートしてみませんか？

一段上のレベルに上がろうではありませんか。

著　者

著者紹介

櫻井秀勲（さくらい・ひでのり）

1931年、東京生まれ。東京外国語大学ロシア語学科卒業後、光文社に入社。文芸月刊誌「面白倶楽部」に配属。松本清張、三島由紀夫、川端康成など文壇に名を残す作家たちと親交をもつ。31歳で女性誌『女性自身』の編集長に抜擢されるや、毎週100万部発行の人気週刊誌に育て上げる。祥伝社を立ち上げ、女性隔週刊誌「微笑」を創刊。55歳で独立したのを機に、『女がわからないでメシが食えるか』で作家デビュー。以来、『人脈につながるマナーの常識』まで、著作は200冊に及ぶ。82歳で、きずな出版を創業。作家、編集者など後進の育成にも意欲的に取り組んでいる。

人脈につながる話し方の常識

2016年9月10日　第1刷発行

著　者　　櫻井秀勲

発行者　　岡村季子
発行所　　きずな出版
東京都新宿区白銀町1-13　〒162-0816
電話03-3260-0391　振替00160-2-633551
http://www.kizuna-pub.jp/

装　幀　　藤塚尚子（ISSHIKI）
印刷・製本　モリモト印刷

JASRAC　出　1608767-601
ISBN978-4-907072-70-4

きずな出版

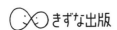

書籍の感想、著者へのメッセージは以下のアドレスにお寄せください

E-mail：39@kizuna-pub.jp

きずな出版

http://www.kizuna-pub.jp/